आर्टिफिशियल इंटेलिजेंस और मशीन लर्निंग का महाज्ञान

प्रियंका वर्मा

डायमंड बुक्स

www.diamondbooks.in

प्रकाशक : डायमंड पॉकेट बुक्स प्रा.लि.
X-30, ओखला इंडस्ट्रियल एरिया, फेज-2
नई दिल्ली-110020
फोन : 011-40712200
ई-मेल : wecare@diamondbooks.in
वेबसाइट : www.diamondbooks.in
संस्करण : 2025

प्रस्तावना

आर्टिफिशियल इंटेलिजेंस (AI) और मशीन लर्निंग (ML) हमारे आस-पास की दुनिया को आकार दे रहे हैं—उन एप्स से जिनका हम उपयोग करते हैं, लेकर जिस तरह से डॉक्टर बीमारियों का इलाज करते हैं, किसान फसलें उगाते हैं, और व्यवसाय का निर्णय लेते हैं। यह किताब ख़ासकर कक्षा 9 से 12 के युवा छात्रों के लिए लिखी गई है, ताकि इन रोमांचक क्षेत्रों को आसान, संबंधित और दिलचस्प तरीके से पेश किया जा सके।

NEP 2020, NCF 2023, और CBSE पाठ्यक्रम के साथ तालमेल बिठाते हुए, इस किताब का लक्ष्य मूलभूत ज्ञान का निर्माण करना है, साथ ही आलोचनात्मक सोच, सहयोग और नैतिक तर्क जैसे 21वीं सदी के कौशल को भी बढ़ावा देना है। कहानी कहने, व्यावहारिक गतिविधियों, कोडिंग प्रयोगों और भारत तथा दुनिया भर के वास्तविक जीवन के उदाहरणों के साथ, छात्र न केवल यह सीखेंगे कि AI और ML क्या हैं—बल्कि यह भी सीखेंगे कि उन्हें एक बेहतर कल के लिए कैसे लागू किया जाए।

— प्रियंका वर्मा

विषय-सूची

अध्याय 1

आर्टिफिशियल इंटेलिजेंस क्या है?

आपके स्मार्ट असिस्टेंट के पीछे का जादू

कल्पना कीजिए: आप जागते हैं और कहते हैं, "हे गूगल, आज मौसम कैसा है?" कुछ ही सेकंड में, आपका फोन पूर्वानुमान के साथ जवाब देता है। स्कूल जाते समय, गूगल मैप्स आपको ट्रैफिक जाम के बारे में अलर्ट करता है और एक तेज़ रास्ता सुझाता है। बाद में, नेटफ्लिक्स आपको एक ऐसा शो सुझाता है जिसे आपने पहले कभी नहीं देखा था — और आपको वह बहुत पसंद आता है।

इन सब के पीछे का जादू क्या है?

यही **आर्टिफिशियल इंटेलिजेंस** है — जादू नहीं, बल्कि एक शक्तिशाली तकनीक जो हमारे आस-पास की दुनिया को बदल रही है। इस अध्याय में, हम जानेंगे कि **एआई** क्या है, यह कैसे काम करता है, और यह आपके भविष्य के लिए क्यों मायने रखता है।

अवधारणा को समझें: एआई को समझना

आर्टिफिशियल इंटेलिजेंस क्या है?

आर्टिफिशियल इंटेलिजेंस (AI) मशीनों की सोचने, सीखने और निर्णय लेने की क्षमता है — ठीक मनुष्यों की तरह। यह कंप्यूटर विज्ञान की एक शाखा है जो ऐसी प्रणालियाँ बनाने पर केंद्रित है जिन्हें सामान्यतः मानवीय बुद्धिमत्ता की आवश्यकता वाले कार्य करने के लिए बनाया जाता है।

इन कार्यों में शामिल हैं:

- भाषण को समझना (जैसे सिरी या एलेक्सा)
- चेहरों को पहचानना (जैसे फेस आईडी)
- निर्णय लेना (जैसे ट्रैफिक नेविगेशन)
- अनुभव से सीखना (जैसे यूट्यूब की सिफारिशें)

संक्षेप में, **एआई मशीनों को स्मार्ट बनाने** के बारे में है।

मानव बुद्धिमत्ता बनाम आर्टिफिशियल इंटेलिजेंस

एआई में मनुष्यों की तरह भावनाएं या सामान्य ज्ञान नहीं होता है — लेकिन यह किसी भी व्यक्ति की तुलना में बहुत अधिक मात्रा में डेटा को तेज़ी से संसाधित कर सकता है।

विशेषता	मानव बुद्धिमत्ता	आर्टिफिशियलइंटेलिजेंस
सीखना	अनुभव, भावनाओं और तर्क से	डेटा और एल्गोरिदम से
सोचना	तर्क, भावनाओं, नैतिकता पर आधारित	कोड और डेटा पर आधारित
अनुकूलनशीलता	उच्च (रचनात्मक, भावनात्मक)	सीमित (नियमों/डेटा-संचालित)
गति	धीमा लेकिन सहज	तेज और सुसंगत

वास्तविक दुनिया में: आप आज एआई कहाँ देखते हैं

एआई अब सिर्फ विज्ञान कथा नहीं है। यह पहले से ही हर जगह है।

स्वास्थ्य सेवा

• **एआई** डॉक्टरों को **एमआरआई स्कैन** और **एक्स-रे** के माध्यम से बीमारियों का पता लगाने में मदद करता है।

• **COVID-19** के दौरान, **एआई** का उपयोग संक्रमणों को ट्रैक करने और प्रकोपों की भविष्यवाणी करने के लिए किया गया था।

कृषि

• **एआई-संचालित ड्रोन** फसल स्वास्थ्य और मिट्टी की स्थितियों की निगरानी करते हैं।

• **किसान एआई** जैसे एप किसानों को मौसम अलर्ट और फसल की सलाह देते हैं।

शिक्षा

• **एआई ट्यूटर** आपकी गति और शैली के आधार पर सीखने को व्यक्तिगत बनाते हैं।

• **दीक्षा** और **भाषिणी** जैसे प्लेटफॉर्म शिक्षा को समावेशी बनाने के लिए **एआई** का उपयोग करते हैं।

ई-कॉमर्स

• **अमेज़न** आपके पिछले व्यवहार के आधार पर उत्पादों की सिफारिश करता है।

• **एआई चैटबॉट्स** का प्रबंधन करता है जो ग्राहक सेवा में मदद करते हैं।

परिवहन

• **गूगल मैप्स** वास्तविक समय के डेटा का उपयोग करके ट्रैफिक की भविष्यवाणी करता है।

• **सेल्फ-ड्राइविंग कारों** का विश्व स्तर पर परीक्षण किया जा रहा है।

भारत भी **एआई** को अपना रहा है। **आधार** से **यूपीआई** से **भाषिणी** तक, **एआई** हमारी डिजिटल क्रांति के केंद्र में है।

इसे स्वयं आज़माएं: सीखने के लिए गतिविधियाँ

गतिविधि 1: क्या एआई यह कर सकता है?
प्रत्येक कार्य को पढ़ें और तय करें: क्या एआई यह कर सकता है? (✔ या ✘)
गतिविधि 2: टीचेबल मशीन प्रयोग

गूगल की टीचेबल मशीन पर जाएं।

इमेज या ऑडियो प्रोजेक्ट आज़माएं:

कार्य	क्या एआई यह कर सकता है?
चेहरों को पहचानना	✔
सोते समय सपने देखना	✘
मौसम की भविष्यवाणी करना	✔
भोजन का स्वाद लेना	✘
शतरंज खेलना	✔

- **एआई** को अपने चेहरे के भाव या आवाज़ कमांड के साथ प्रशिक्षित करें।
- परीक्षण करें कि यह आपको कितनी अच्छी तरह पहचानता है।
- सोचें: इसने कैसे सीखा?

कोई कोडिंग की आवश्यकता नहीं है — बस अन्वेषण करें और निरीक्षण करें।

सोचें और चिंतन करें

- क्या **एआई** में इंसानों जैसी भावनाएं हो सकती हैं? क्या ऐसा होना चाहिए?
- यदि **एआई** सिस्टम पक्षपाती निर्णय लेते हैं तो क्या ग़लत हो सकता है?

• यदि आपके शिक्षक को एक **रोबोट** द्वारा बदल दिया गया तो आपको कैसा महसूस होगा?

ये प्रश्न हमें **एआई** की **नैतिकता** और समाज पर इसके **प्रभाव** के बारे में **गंभीरता से सोचने** में मदद करते हैं।

आइए दोहराएं: सारांश फ्लोचार्ट

एआई कैसे काम करता है – सरल प्रवाह

Code snippet

```
graph TD
    A[डेटा] --> B[एल्गोरिदम];
    B --> C[सीखना];
    C --> D[आउटपुट/निर्णय];
```

मुख्य बातें:

• **एआई** = मशीन इंटेलिजेंस
• **एल्गोरिदम** का उपयोग करके **डेटा** से सीखता है
• पहले से ही दैनिक जीवन में उपयोग होता है **(गूगल मैप्स, एलेक्सा, आदि)**
• महसूस नहीं कर सकता, लेकिन **(तार्किक रूप से)** सोच सकता है

स्वयं की जाँच करें: त्वरित समीक्षा प्रश्नोत्तरी

बहुविकल्पीय प्रश्न (MCQs)

• **एआई का पूर्ण रूप क्या है?**

क) स्वचालित इंटरफेस (Automatic Interface)
ख) उन्नत इनपुट (Advanced Input)
ग) **आर्टिफिशियल इंटेलिजेंस** (Artificial Intelligence) ✔

घ) वास्तविक बुद्धिमत्ता (Actual Intelligence)

- **निम्नलिखित में से कौन सा एआई का उदाहरण नहीं है?**

क) सिरी
ख) नेटफ्लिक्स सुझाव
ग) **फ्लैशलाइट एप ✔**
घ) चेहरा पहचान

लघु उत्तरीय प्रश्न

- मानव बुद्धिमत्ता और **एआई** के बीच दो अंतर बताएं।
- कृषि में **एआई** के एक उपयोग का उल्लेख करें।
- जब हम कहते हैं **"एआई डेटा से सीखता है"** तो हमारा क्या मतलब होता है?

एआई में भविष्य का अन्वेषण करें: आपके लिए करियर

एआई सिर्फ कूल नहीं है — यह करियर को बढ़ावा देने वाला भी है! कुछ लोकप्रिय भूमिकाओं में शामिल हैं:
भारत की **एआई फॉर यूथ** पहल छात्रों को **एआई, एमएल** और **कोडिंग** में कौशल के साथ सशक्त बना रही है — भविष्य के इनोवेटर्स के लिए एक शानदार शुरुआत।

किताब से परे: परियोजना विचार

करियर	**वे क्या करते हैं**
एआई इंजीनियर	बुद्धिमान प्रणालियों को डिजाइन करता है

डेटा वैज्ञानिक	निर्णय लेने के लिए डेटा का विश्लेषण करता है
एनएलपी डेवलपर	भाषण/भाषा एआई के साथ काम करता है
एआई एथिक्स एक्सपर्ट	सुनिश्चित करता है कि एआई निष्पक्ष और निष्पक्ष हो

प्रोजेक्ट: "मेरे समुदाय में एआई"

अपने स्थानीय क्षेत्र — स्कूल, शहर, गांव, या ऑनलाइन — में **एआई** का उपयोग कैसे किया जा रहा है, इसका अन्वेषण करें। लोगों का साक्षात्कार करें, चित्र एकत्र करें, और एक छोटी रिपोर्ट या पोस्टर बनाएं।

उत्तर देने वाले प्रश्न:

- **एआई** का उपयोग कहाँ किया जाता है (जैसे, एटीएम, ऑनलाइन कक्षाएं)?
- इससे किसे लाभ होता है?
- **एआई** यहां कौन सी समस्याओं को हल कर सकता है?

यह आपको कक्षा के सीखने को वास्तविक दुनिया की जरूरतों से जोड़ने में मदद करेगा।

अध्याय 2

एआई की यात्रा

प्राचीन सपनों से आधुनिक मशीनों तक

पौराणिक कथाओं से मशीनों तक

हज़ारों साल पहले, मनुष्यों ने ऐसी मूर्तियों की कल्पना की थी जो बोल सकती थीं, सोच सकती थीं और कार्य कर सकती थीं। रामायण और महाभारत जैसे भारतीय महाकाव्यों में, हम उड़ने वाले रथों (पुष्पक विमान) और बुद्धिमान हथियारों के बारे में सुनते हैं। यहाँ तक कि ग्रीक पौराणिक कथाओं में भी, देवताओं द्वारा बनाए गए यांत्रिक प्राणियों की कहानियाँ हैं।

क्या होगा अगर हम आपको बताएं कि वे प्राचीन सपने धीरे-धीरे सच हो रहे हैं?

यह अध्याय आपको समय के माध्यम से एक रोमांचक यात्रा पर ले जाता है — प्राचीन कल्पना से लेकर आधुनिक **आर्टिफिशियल इंटेलिजेंस** तक।

अवधारणा को समझें:
आर्टिफिशियल इंटेलिजेंस का इतिहास

एआई का इतिहास क्या है?
एआई रातों-रात नहीं आया। यह गणित, तर्क, इंजीनियरिंग और कंप्यूटर विज्ञान में हुई प्रगति से क़दम दर क़दम विकसित हुआ।

आइए महत्वपूर्ण मील के पत्थरों का अन्वेषण करें:

चरण 1: बुद्धिमान मशीनों का विचार (1900 से पहले)

- **मिथक और कहानियाँ**: कृत्रिम प्राणियों की प्रारंभिक कहानियाँ कई संस्कृतियों में मौजूद थीं।
- **यांत्रिक उपकरण**: प्राचीन भारतीय और चीनी आविष्कारकों ने घड़ियों और ऑटोमेटा जैसी सरल मशीनें बनाईं।
- **दार्शनिक विचार**: अरस्तू जैसे ग्रीक दार्शनिकों ने तर्क और तर्कशक्ति के बारे में लिखा।

चरण 2: कंप्यूटर विज्ञान का जन्म (1900-1950)

- **जॉर्ज बूले (1850 के दशक)**: बूलियन लॉजिक बनाया — जो कंप्यूटर संचालन की नींव है।
- **एलन ट्यूरिंग (1936)**: ब्रिटिश गणितज्ञ जिन्होंने "यूनिवर्सल मशीन" — जिसे बाद में ट्यूरिंग मशीन कहा गया — का विचार प्रस्तावित किया, जो किसी भी समस्या को हल करने में सक्षम थी।
- **ट्यूरिंग टेस्ट (1950)**: यह जांचने के लिए एक परीक्षण कि क्या एक मशीन मानवीय व्यवहार की इतनी अच्छी तरह नकल कर सकती है कि एक व्यक्ति यह नहीं बता सकता कि यह एक मशीन है।

ट्यूरिंग का प्रश्न: "क्या मशीनें सोच सकती हैं?"

चरण 3: प्रारंभिक एआई अनुसंधान (1950-1970 के दशक)

• **1956 – एआई का जन्म**: "आर्टिफिशियल इंटेलिजेंस" शब्द का आधिकारिक तौर पर पहली बार डार्टमाउथ कॉलेज, यूएसए में एक सम्मेलन में उपयोग किया गया था।

• **जॉन मैककार्थी, मार्विन मिंस्की**, और अन्य लोगों ने पहेलियों को हल करने और शतरंज जैसे खेल खेलने के लिए प्रारंभिक कार्यक्रम बनाना शुरू किया।

• ये सिस्टम तार्किक कार्य कर सकते थे लेकिन उनमें मेमोरी और वास्तविक दुनिया के ज्ञान की कमी थी।

चरण 4: एआई विंटर्स (1974-1990 के दशक)

एआई को प्रमुख असफलताओं का सामना करना पड़ा क्योंकि:

- कंप्यूटिंग शक्ति की कमी
- विकास की उच्च लागत
- अधूरी अपेक्षाएँ

सरकारों और निवेशकों ने एआई अनुसंधान को वित्त पोषित करना बंद कर दिया। इस अवधि को "एआई विंटर" कहा जाता है।

लेकिन शोधकर्ताओं ने पृष्ठभूमि में काम करना जारी रखा, चुपचाप एल्गोरिदम और कंप्यूटर में सुधार करते रहे।

चरण 5: एआई की वापसी (1990-2010)

• **इंटरनेट** के उदय ने मशीनों को सीखने के लिए विशाल डेटा उपलब्ध कराया।

• बेहतर हार्डवेयर ने तेज़ प्रसंस्करण की अनुमति दी।

• **1997: आईबीएम के डीप ब्लू** ने विश्व शतरंज चैंपियन **गैरी कास्पारोव** को हराया — एक ऐतिहासिक क्षण!

• **एआई** घरों में दिखने लगा — वर्चुअल पेट्स, मोबाइल गेम्स और शुरुआती चैटबॉट्स।

चरण 6: हर जगह एआई (2010-वर्तमान)

- **2011: एप्पल** ने वॉयस असिस्टेंट **सिरी** लॉन्च किया।
- 2016: **गूगल के अल्फागो** ने गो में एक विश्व चैंपियन को हराया — एक खेल जो शतरंज से भी अधिक जटिल है।
- **आज: एआई** स्वास्थ्य सेवा, बैंकिंग, परिवहन, कृषि और बहुत कुछ में है।
- भारत में, **एआई फॉर भारत, भाषिणी** और **इंडिया स्टैक** जैसी पहलें वैश्विक उदाहरणों का नेतृत्व कर रही हैं।

वास्तविक दुनिया में: भारत की एआई टाइमलाइन

आइए देखें कि भारत ने एआई को कैसे अपनाया है:

वर्ष	मील का पत्थर
2009	आधार परियोजना शुरू की गई – सबसे बड़े बायोमेट्रिक डेटाबेस में से एक
2016	यूपीआई भुगतान प्रणाली डेटा इंटेलिजेंस का उपयोग करके लॉन्च की गई
2018	नीति आयोग ने राष्ट्रीय एआई रणनीति जारी की: #AIforAll
2022	भाषिणी का लॉन्च – एआई-संचालित भाषा मंच
2023	एआई को स्कूलों में सीबीएसई विषय के रूप में पेश किया गया

इसे स्वयं आज़माएं: एआई के साथ समय यात्रा

गतिविधि 1: एक टाइमलाइन बनाएं

1950 से 2025 तक एक टाइमलाइन बनाएं और निम्नलिखित घटनाओं को चिह्नित करें:

- ट्यूरिंग मशीन
- डार्टमाउथ सम्मेलन
- डीप ब्लू बनाम कास्पारोव
- सिरी का लॉन्च
- भारत की एआई फॉर ऑल पहल

अपनी टाइमलाइन को आकर्षक बनाने के लिए रंगों या दृश्यों का उपयोग करें।

गतिविधि 2: एआई बॉट के साथ एक गेम खेलें

lichess.org या playrobot.org जैसी शतरंज वेबसाइट पर जाएं और एक एआई बॉट के खिलाफ एक गेम खेलें। गेम के बाद, ख़ुद से पूछें:

- **एआई** ने कैसे प्रतिक्रिया दी?
- क्या इसने आपकी चालों से सीखा?
- क्या यह आपकी अपेक्षा से अधिक स्मार्ट था?

सोचें और चिंतन करें

- प्रारंभिक सफलता के बावजूद **एआई** को "विंटर" का सामना क्यों करना पड़ा?
- क्या आप किसी भारतीय आविष्कार के बारे में सोच सकते हैं जो **एआई** का उपयोग करता है?
- क्या होता अगर **एआई** का विकास 100 साल पहले हो गया होता — इतिहास कैसे बदल सकता था?

आइए दोहराएं: माइंड मैप

Code snippet

```
graph TD
    A[HISTORY OF AI] --> B(Ancient Imagination <br> (Myths &
```

Legends));

A --> C(Turing & Logic
 (1930s–50s));

A --> D(Early AI Programs
 (1956–70s));

A --> E(AI Winter
 (1974–90s));

A --> F(AI Comeback
 (1990s–2010));

A --> G(AI Explosion
 (2011–Present));

मुख्य बातें:

- **एआई** लगभग एक सदी से विकसित हुआ है
- गणित, तर्क और कंप्यूटर विज्ञान से महत्वपूर्ण योगदान
- भारत अब सार्वजनिक **एआई** अनुप्रयोगों में एक अग्रणी है

स्वयं की जाँच करें: त्वरित समीक्षा प्रश्नोत्तरी

✔MCQs

- **किसे "एआई के जनक" माना जाता है?**

क) आइजैक न्यूटन

ख) **जॉन मैककार्थी ✔**

ग) अल्बर्ट आइंस्टीन

घ) एलन ट्यूरिंग

- **ट्यूरिंग टेस्ट का उपयोग किसके लिए किया जाता है?**

क) मानव आईक्यू का परीक्षण

ख) इंटरनेट की गति को मापना

ग) **यह जांचना कि क्या मशीन इंसान की तरह सोच सकती है ✔**

घ) प्रोग्रामिंग भाषाओं की तुलना करना

- **निम्नलिखित में से कौन सा 1997 में हुआ था?**

क) सिरी लॉन्च हुआ

ख) एआई विंटर शुरू हुआ
ग) **डीप ब्लू ने गैरी कास्पारोव को हराया ✔**
घ) भाषिणी लॉन्च हुआ

लघु प्रश्न

- **"एआई विंटर"** से क्या अभिप्राय है?
- **एआई** के क्षेत्र में भारत के दो योगदानों का नाम बताएं।
- डार्टमाउथ सम्मेलन क्या था?

एआई में भविष्य का अन्वेषण करें: एआई इतिहासकार बनें

इस अध्याय से संबंधित करियर:

- **एआई रिसर्चर** – मशीनों के सीखने के नए तरीकों का अध्ययन करता है
- **डिजिटल हिस्टोरियन** – प्रौद्योगिकी के विकास और प्रभाव को ट्रैक करता है
- **एआई पॉलिसी एडवाइज़र** – सरकारों को **एआई** विकास को विनियमित करने में मदद करता है
- **साइंस कम्युनिकेटर – एआई** के इतिहास के बारे में लिखता और सिखाता है

ये करियर जिज्ञासा, लेखन, अनुसंधान और प्रौद्योगिकी को जोड़ते हैं।

किताब से परे: परियोजना विचार

प्रोजेक्ट: "भारतीय पौराणिक कथाओं और इतिहास में एआई"

अनुसंधान करें कि प्राचीन भारतीय ग्रंथों या औज़ारों ने बुद्धिमान प्राणियों या मशीनों की कल्पना कैसे की थी। उदाहरण:

- **पुष्पक विमान** (एक उड़ने वाली मशीन)
- प्राचीन मंदिरों में यांत्रिक खिलौने
- दिल्ली का **लौह स्तंभ** (उन्नत धातु विज्ञान)

उन विचारों को आधुनिक **एआई** से जोड़ते हुए एक प्रस्तुति बनाएं।

अध्याय 3

हमारे आस-पास एआई

डोमेन और दैनिक जीवन के अनुप्रयोग

क्या एआई केवल रोबोट में है?

जब आप "एआई" सुनते हैं, तो आपके दिमाग़ में क्या आता है? एक रोबोट? एक बात करने वाली मशीन? शायद एक साइंस-फाई फिल्म का चरित्र?

क्या होगा अगर हम आपको बताएं कि एआई आपके आस-पास पहले से ही है — हर दिन, हर घंटे, और कभी-कभी तो आपको पता भी नहीं चलता?

- वह YouTube वीडियो अनुशंसा? **एआई**।
- गूगल मैप्स का ट्रैफिक अपडेट? **एआई**।
- आपके फोन पर फेस अनलॉक? वह भी **एआई**।

इस अध्याय में, हम जानेंगे कि **एआई** चुपचाप पृष्ठभूमि में कैसे काम कर रहा है — आपके घर, स्कूल, शहर और यहां तक कि आपके पसंदीदा खेलों में भी।

अवधारणा को समझें: एआई के डोमेन को समझना

एआई केवल एक तकनीक नहीं है — यह कई डोमेन का संयोजन है। प्रत्येक डोमेन मशीनों को विभिन्न प्रकार की जानकारी "समझने" में मदद करता है: चित्र, शब्द, संख्याएं या क्रियाएं।

आइए आर्टिफिशियल इंटेलिजेंस के तीन प्रमुख डोमेन को देखें:

1. डेटा (संरचित और असंरचित)
डेटा एआई का ईंधन है।

हर बार जब आप कोई वीडियो देखते हैं, किसी लिंक पर क्लिक करते हैं, या किसी फोटो को लाइक करते हैं — तो आप डेटा उत्पन्न करते हैं। एआई सिस्टम इस डेटा का उपयोग आपकी प्राथमिकताओं को जानने, आपकी ज़रूरतों का अनुमान लगाने या कार्रवाई करने के लिए करते हैं।

उदाहरण:
- Netflix फिल्में सुझाने के लिए देखने के इतिहास का उपयोग करता है।
- ई-कॉमर्स साइटें उत्पादों का सुझाव देने के लिए खरीद डेटा का उपयोग करती हैं।
- स्कूल प्रदर्शन को ट्रैक करने के लिए परीक्षा के अंक और उपस्थिति डेटा का उपयोग करते हैं।

वास्तविक दुनिया का सादृश्य: जैसे एक शेफ को खाना पकाने के लिए सामग्री की आवश्यकता होती है, वैसे ही **एआई** को काम करने के लिए डेटा की आवश्यकता होती है।

2. कंप्यूटर विज़न (CV)
यह डोमेन मशीनों को छवियों या वीडियो को देखने और समझने में मदद

करता है, ठीक वैसे ही जैसे हमारी आंखें और मस्तिष्क एक साथ काम करते हैं।

उदाहरण:

- फोन पर फेस आईडी
- सुरक्षा कैमरे जो गति का पता लगाते हैं
- सेल्फ-ड्राइविंग कारें जो ट्रैफिक संकेतों को पहचानती हैं
- मेडिकल **एआई** जो एक्स-रे और स्कैन पढ़ता है

मज़ेदार तथ्य: कंप्यूटर विज़न ने महाराष्ट्र के किसानों को ड्रोन छवियों और **एआई** एप का उपयोग करके फसल रोगों का पता लगाने में मदद की।

3. नेचुरल लैंग्वेज प्रोसेसिंग (NLP)

एनएलपी कंप्यूटरों को मानवीय भाषा — मौखिक और लिखित दोनों — को समझने और उसका जवाब देने में सक्षम बनाता है।

उदाहरण:

- सिरी, गूगल असिस्टेंट और एलेक्सा जैसे वर्चुअल असिस्टेंट
- गूगल ट्रांसलेट
- वेबसाइटों पर चैटबॉट्स
- स्पीच-टू-टेक्स्ट टाइपिंग

एनएलपी में यह भी शामिल है:

- **एनएलयू (नेचुरल लैंग्वेज अंडरस्टैंडिंग)** – मशीनें अर्थ कैसे समझती हैं
- **एनएलजी (नेचुरल लैंग्वेज जनरेशन)** – मशीनें मानवीय जैसी भाषा में कैसे जवाब देती हैं

भारतीय उदाहरण: भाषिणी भारत का **एआई-संचालित** मंच है जो **एनएलपी** का उपयोग करके भाषा की बाधाओं को तोड़ता है और कई भारतीय भाषाओं में सामग्री का अनुवाद करता है।

वास्तविक दुनिया में: दैनिक जीवन में एआई

आइए जानें कि एआई विभिन्न क्षेत्रों को कैसे बदल रहा है:

स्वास्थ्य सेवा

- **एआई** मेडिकल स्कैन (जैसे एक्स-रे, एमआरआई) से बीमारियों का निदान करता है।
- चैटबॉट्स मरीजों के प्रश्नों का उत्तर देने में मदद करते हैं।
- प्रेडिक्टिव मॉडल डॉक्टरों को भविष्य के स्वास्थ्य जोखिमों के बारे में चेतावनी दे सकते हैं।

कृषि

- ड्रोन और सेंसर **एआई** का उपयोग करके फसल के स्वास्थ्य का पता लगाते हैं।
- मिट्टी का डेटा किसानों को सिंचाई कब करनी है, यह तय करने में मदद करता है।
- बाज़ार मूल्य पूर्वानुमान उपकरण बेहतर निर्णय लेने में सहायता करते हैं।

शिक्षा

- व्यक्तिगत सीखने वाले एप छात्रों की गति और सटीकता के आधार पर सामग्री को समायोजित करते हैं।
- **एआई** मल्टीपल-चॉइस परीक्षाओं को स्वतः जांचता है।
- वर्चुअल ट्यूटर 24x7 संदेह-समाधान प्रदान करते हैं।

रिटेल और ई-कॉमर्स

- ऑनलाइन स्टोर आपके ब्राउज़िंग व्यवहार के आधार पर आइटम की अनुशंसा करते हैं।
- **एआई** गोदामों में स्टॉक और इन्वेंट्री का प्रबंधन करता है।
- फैशन और मेकअप ऐप में वर्चुअल ट्राई-ऑन टूल।

सरकार और सार्वजनिक सेवाएं

- सुरक्षा प्रणालियों में फेशियल रिकॉग्निशन का उपयोग किया जाता है।
- सरकारी पोर्टलों पर **एआई चैटबॉट्स।**
- स्मार्ट ट्रैफिक लाइट वास्तविक समय के प्रवाह के आधार पर संकेतों को समायोजित करती हैं।

सोशल मीडिया

- नफ़रत फैलाने वाले भाषण या नकली समाचारों को ब्लॉक करने के लिए **एआई** का उपयोग करके सामग्री मॉडरेशन।
- फिल्टर और स्टिकर चेहरे का पता लगाने (कंप्यूटर विज़न) का उपयोग करते हैं।
- **एआई** स्वचालित रूप से हैशटैग सुझाता है या फ़ोटो संपादित करता है।

इसे स्वयं आज़माएं: एआई को सोचने दें

गतिविधि 1: डोमेन का मिलान करें

प्रत्येक एआई उदाहरण को सही डोमेन से मिलाएं:
अपने स्वयं के उदाहरण बनाने का प्रयास करें और उन्हें कक्षा में साझा करें!

एआई कार्य	डोमेन
गाने सुझाना	डेटा
फेस अनलॉक	कंप्यूटर विज़न
हिंदी का अंग्रेजी में अनुवाद करना	एनएलपी
एक्स-रे का निदान करना	कंप्यूटर विज़न
नकली समाचार का पता लगाना	एनएलपी + डेटा

गतिविधि 2: गूगल लेंस या टीचेबल मशीन का उपयोग करें

- गूगल लेंस ऐप खोलें।
- इसे किसी भी वस्तु पर इंगित करें — एक किताब, फूल, या जानवर।
- **एआई** ने क्या पता लगाया?

या टीचेबल मशीन पर जाएं, 3 छवियां अपलोड करें, और अपना स्वयं का छवि पहचान मॉडल प्रशिक्षित करें — किसी कोडिंग की आवश्यकता नहीं!

सोचें और चिंतन करें

- क्या **एआई** कभी इंसानों जैसी भावनाओं को समझ सकता है?
- क्या **एआई** को यह तय करने देना उचित है कि किसे नौकरी का इंटरव्यू मिलेगा?
- हमारे व्यक्तिगत जीवन में **एआई** की क्या सीमा होनी चाहिए?

ये प्रश्न हमें **एआई सिस्टम** में नैतिकता, गोपनीयता और विश्वास पर विचार करने में मदद करते हैं।

आइए दोहराएं: फ्लोचार्ट सारांश

Code snippet

```
graph TD
    A[DOMAINS OF AI]
    A --- B(Data)
    A --- C(Computer Vision)
    A --- D(NLP)
```

मुख्य बातें:

- **डेटा: एआई** उपयोगकर्ता व्यवहार, विकल्पों और प्रतिक्रिया से सीखता है।

- **कंप्यूटर विज़न: एआई** छवियों और वीडियो को देखता और व्याख्या करता है।
- **एनएलपी: एआई** मानवीय भाषा को समझता और उत्पन्न करता है।

स्वयं की जाँच करें: त्वरित प्रश्नोत्तरी

MCQs

- **गूगल ट्रांसलेट को कौन सा एआई डोमेन शक्ति प्रदान करता है?**

क) कंप्यूटर विज़न
ख) डेटा
ग) **एनएलपी** ✔
घ) रोबोटिक्स

- **कंप्यूटर विज़न मशीनों को क्या करने में मदद करता है?**

क) आवाज़ सुनना
ख) **छवियों को समझना** ✔
ग) कला बनाना
घ) कोडिंग सीखना

- **कौन सा मंच भारत की भाषा एआई पहल है?**

क) चैटजीपीटी
ख) एलेक्सा
ग) **भाषिणी** ✔
घ) आरोग्य सेतु

लघु उत्तरीय प्रश्न

- **एआई** के तीन प्रमुख डोमेन क्या हैं?
- **एआई** कृषि में कैसे मदद करता है?
- अपने दैनिक जीवन से **एनएलपी** के दो उदाहरण दें।

एआई में भविष्य का अन्वेषण करें: हर डोमेन से करियर

एआई का प्रत्येक डोमेन विभिन्न करियर के लिए द्वार खोलता है:
क्या आप जानते हैं? भारत में 2030 तक **एआई** और संबंधित क्षेत्रों में 10 लाख से अधिक नौकरियां पैदा होने की उम्मीद है।

डोमेन	करियर विकल्प
डेटा	डेटा साइंटिस्ट, एआई एनालिस्ट
कंप्यूटर विज़न	कंप्यूटर विज़न इंजीनियर, रोबोटिक्स एक्सपर्ट
एनएलपी	स्पीच रिकॉग्निशन डेवलपर, चैटबॉट डिजाइनर

किताब से परे: परियोजना विचार

प्रोजेक्ट: "मेरे दिन में एआई"
एक दिन में आप एआई के साथ कितनी बार बातचीत करते हैं, इसे रिकॉर्ड करें।

एक सूची बनाएं:

- **जागना:** वॉयस असिस्टेंट
- **स्कूल:** गूगल सर्च, चैटबॉट्स
- **शाम:** नेटफ्लिक्स सुझाव, फेस अनलॉक

"एआई के साथ एक दिन का जीवन" शीर्षक वाला एक पोस्टर या डिजिटल टाइमलाइन बनाएं और इसे अपनी कक्षा में प्रस्तुत करें।

अध्याय 4

एआई में नैतिकता और ज़िम्मेदारी

क्या कोई मशीन पक्षपाती हो सकती है?

कल्पना कीजिए कि आप कॉलेज छात्रवृत्ति के लिए आवेदन कर रहे हैं। आवेदन का मूल्यांकन एक **एआई सिस्टम** द्वारा किया जाता है। आप सभी आवश्यकताओं को पूरा करते हैं, लेकिन सिस्टम आपको अस्वीकार कर देता है। बाद में, आपको पता चलता है कि इसे मुख्य रूप से अन्य क्षेत्रों के डेटा पर प्रशिक्षित किया गया था और इसने आपके राज्य की उपलब्धियों को अनदेखा कर दिया।

क्या यह उचित था?

एआई शक्तिशाली है — लेकिन सही नहीं। इसीलिए हमें नैतिकता, पूर्वाग्रह और ज़िम्मेदार उपयोग के बारे में बात करने की आवश्यकता है।

अवधारणा को समझें: एआई में नैतिकता क्या है?

नैतिकता का अर्थ है सही और ग़लत के बीच अंतर को समझना — और निष्पक्ष, सुरक्षित और सम्मानजनक निर्णय लेना। जब हम नैतिकता को मशीनों पर लागू करते हैं, **तो हम पूछते हैं:**

- क्या **एआई सिस्टम** सभी के लिए निष्पक्ष हैं?
- क्या वे सुरक्षित और संरक्षित हैं?
- क्या वे गोपनीयता का सम्मान करते हैं?
- क्या वे यह बता सकते हैं कि वे निर्णय कैसे लेते हैं?

इसे **नैतिक एआई** या **ज़िम्मेदार एआई** कहा जाता है।

एआई को नैतिकता की आवश्यकता क्यों है?

नैतिकता का अर्थ है सही और ग़लत के बीच अंतर को समझना — और निष्पक्ष, सुरक्षित और सम्मानजनक निर्णय लेना। जब हम नैतिकता को मशीनों पर लागू करते हैं, **तो हम पूछते हैं:**

नैतिकता के बिना हो सकने वाली समस्याएं:

- **एआई में पूर्वाग्रह**

o यदि किसी एआई को केवल किसी विशेष लिंग, भाषा या क्षेत्र के डेटा पर प्रशिक्षित किया जाता है, तो यह दूसरों के प्रति अनुचित हो सकता है।
o उदाहरण: एक नौकरी भर्ती एआई जो पुरुष आवेदकों को प्राथमिकता देता है क्योंकि उसके प्रशिक्षण डेटा में ज़्यादातर पुरुष रिज्यूमे थे।

- **गोपनीयता की कमी**

o **एआई सिस्टम** अक्सर स्थान, आयु या आवाज जैसे व्यक्तिगत डेटा एकत्र करते हैं।
o यदि संरक्षित नहीं किया जाता है, तो इस डेटा का दुरुपयोग किया जा

सकता है।

- **पारदर्शिता की कमी**

o कभी-कभी, एआई सिस्टम के निर्माता भी पूरी तरह से यह नहीं बता सकते कि एआई ने कोई निर्णय कैसे लिया। इसे "ब्लैक बॉक्स" समस्या कहा जाता है।

- **निर्भरता और नौकरी छूटना**

o एआई का अत्यधिक उपयोग मानवीय श्रमिकों, विशेष रूप से दोहराए जाने वाले कार्यों में, की आवश्यकता को कम कर सकता है।

- **ग़लत सूचना**

o एआई उपकरण नकली वीडियो (डीपफेक), नकली समाचार और स्पैम उत्पन्न कर सकते हैं।

ज़िम्मेदार एआई के सिद्धांत

1. निष्पक्षता

- जाति, लिंग, आयु या स्थान की परवाह किए बिना सभी उपयोगकर्ताओं के साथ समान व्यवहार करें।
- उदाहरण: अनुवाद उपकरण केवल हिंदी या अंग्रेज़ी के लिए ही नहीं, बल्कि सभी भारतीय भाषाओं के लिए काम करने चाहिए।

2. गोपनीयता

- उपयोगकर्ता डेटा को सुरक्षित रखें और सहमति के बिना निगरानी से बचें।
- उदाहरण: एआई का उपयोग करने वाला स्वास्थ्य ऐप विज्ञापनदाताओं के साथ व्यक्तिगत मेडिकल डेटा साझा नहीं करना चाहिए।

3. व्याख्यात्मकता

- सिस्टम को अपनी निर्णय लेने की प्रक्रिया को सरल भाषा में समझाना चाहिए।

4. जवाबदेही

• यदि एआई कोई ग़लती करता है, तो कोई ज़िम्मेदार होना चाहिए — डेवलपर, कंपनी या उपयोगकर्ता।

5. स्थिरता

• एआई का इस तरह से उपयोग करें जो पर्यावरण और समाज का समर्थन करता हो।

वास्तविक दुनिया में: एआई में नैतिक दुविधाएं

आइए भारत और दुनिया भर से उदाहरण देखें:

हवाई अड्डों पर चेहरे की पहचान

कुछ भारतीय हवाई अड्डों पर चेक-इन में तेज़ी लाने के लिए चेहरे की पहचान का उपयोग किया जाता है। लेकिन क्या होगा अगर:

• यह गहरे रंग की त्वचा वाले चेहरों को पहचानने में विफल रहता है?
• यह आपकी फोटो बिना अनुमति के संग्रहीत करता है?

नैतिक प्रश्न: क्या गति के लिए गोपनीयता का त्याग करना ठीक है?

व्हाट्सएप फॉरवर्ड डिटेक्शन

एआई व्हाट्सएप पर नकली समाचारों को फ़्लैग करने में मदद करता है। लेकिन क्या होगा अगर:

• यह ग़लती से एक सच्ची समाचार रिपोर्ट को नकली के रूप में लेबल करता है?
• यह अल्पसंख्यक समूहों की आवाज़ों को सेंसर करता है?

नैतिक प्रश्न: कौन तय करता है कि क्या सच है?

स्कूलों में एआई चैटबॉट्स

कुछ स्कूल होमवर्क में मदद के लिए एआई चैटबॉट्स का उपयोग कर रहे

हैं। लेकिन क्या होगा अगर:

- छात्र धोखाधड़ी के लिए उनका दुरुपयोग करते हैं?
- बॉट ग़लत या पक्षपाती उत्तर देता है?

नैतिक प्रश्न: क्या **एआई** शिक्षकों की जगह ले सकता है?

इसे स्वयं आज़माएं: कार्रवाई में नैतिकता

गतिविधि 1: एआई दुविधा बहस

आपके एआई सिस्टम को चुनना होगा:

- एक सेल्फ-ड्राइविंग कार के अंदर एक यात्री को बचाना
- या गाड़ी घुमाकर 3 पैदल यात्रियों के समूह को मारना

उसे किसे बचाना चाहिए?

दो टीमों में विभाजित करें:

- टीम ए कार के यात्री को बचाने के चुनाव का बचाव करती है।
- टीम बी पैदल यात्रियों को बचाने का बचाव करती है।

बहस करें और फिर नैतिक प्रोग्रामिंग की चुनौतियों पर विचार करें।

गतिविधि 2: एआई पूर्वाग्रह परीक्षण (टीचेबल मशीन के साथ)

टीचेबल मशीन का उपयोग करें:

- इसे दो प्रकार की वस्तुओं (जैसे, पेन और किताबें) को पहचानने के लिए प्रशिक्षित करें।
- इसे एक वस्तु की तुलना में दूसरी वस्तु की अधिक तस्वीरें दें।

देखें कि मॉडल कैसे पक्षपाती हो जाता है। चर्चा करें कि संतुलित डेटा क्यों महत्वपूर्ण है।

सोचें और चिंतन करें

- क्या एआई सिस्टम को हमेशा हमें यह बताना चाहिए कि वे निर्णय कैसे लेते हैं?
- यदि एआई कोई जीवन बदलने वाली ग़लती करता है तो क्या किया जाना चाहिए?
- क्या एआई कभी पूरी तरह से निष्पक्ष और तटस्थ हो सकता है?

आइए दोहराएं: माइंड मैप सारांश

Code snippet

```
graph TD
    A[RESPONSIBLE AI]
    A --- B(FAIRNESS)
    A --- C(PRIVACY)
    A --- D(EXPLAINABILITY)
    A --- E(ACCOUNTABILITY)
    A --- F(SUSTAINABILITY)
```

त्वरित सारांश:

- **नैतिकता** का अर्थ है निष्पक्ष, सम्मानजनक और सुरक्षित विकल्प चुनना।
- सीमित डेटा पर प्रशिक्षित होने पर **एआई** में पूर्वाग्रह हो सकता है।
- **जिम्मेदार एआई** निष्पक्ष, निजी, व्याख्यात्मक, जवाबदेह और टिकाऊ होता है।
- नैतिकता हमें ऐसा **एआई** बनाने में मदद करती है जो सभी के लिए काम करता है।

स्वयं की जाँच करें: त्वरित प्रश्नोत्तरी

MCQs

- **एआई में एक आम नैतिक चिंता क्या है?**

क) एआई बहुत धीरे चलता है
ख) एआई गणित की समस्याओं को हल करता है
ग) **एआई कुछ समूहों के प्रति पक्षपाती होता है ✔**
घ) एआई नई भाषाएं सीखता है

- **एआई में "ब्लैक बॉक्स" का क्या अर्थ है?**

क) एक भंडारण बॉक्स
ख) **एक अज्ञात एल्गोरिदम ✔**
ग) एक कोडिंग त्रुटि
घ) एक रोबोट का शरीर

- **"व्याख्यात्मक एआई" क्या है?**

क) एआई जो अंग्रेज़ी में उत्तर देता है
ख) **एआई जो अपने निर्णयों की व्याख्या करता है ✔**
ग) एआई जो विनम्रता से बोलता है
घ) एआई जो कानूनों की व्याख्या करता है

लघु उत्तरीय प्रश्न

- एआई से संबंधित किन्हीं दो नैतिक चिंताओं का नाम बताएं।
- **"एआई पूर्वाग्रह"** का क्या अर्थ है? एक उदाहरण दें।
- **एआई सिस्टम** में गोपनीयता क्यों महत्वपूर्ण है?

एआई में भविष्य का अन्वेषण करें: नैतिकता और उससे आगे के करियर

जैसे-जैसे **एआई** अधिक सामान्य होता जा रहा है, **एआई नैतिकता** में

करियर तेज़ी से बढ़ रहे हैं।

एआई + कानून + तर्क = भविष्य के नेताओं के लिए शानदार करियर

भूमिका	वे क्या करते हैं
एआई एथिसिस्ट	सुनिश्चित करता है कि एआई नैतिक सिद्धांतों का पालन करे
पॉलिसी मेकर	एआई उपयोग के आसपास कानून बनाता है
एआई रिसर्चर	निष्पक्ष और सुरक्षित एआई उपकरण बनाता है
डेटा ऑडिटर	जांचता है कि डेटा संतुलित और निजी है या नहीं

किताब से परे: परियोजना विचार

प्रोजेक्ट: अपने स्कूल के लिए एक एआई आचार संहिता बनाएं

कल्पना कीजिए कि आपका स्कूल एक नया **एआई सिस्टम** प्राप्त कर रहा है:

- चेहरे से उपस्थिति
- स्मार्ट ग्रेडिंग
- चैटबॉट-आधारित संदेह समाधान

एक **"छात्र एआई आचार संहिता"** बनाएं जिसमें शामिल हों:

- गोपनीयता नियम
- निष्पक्ष उपयोग नीति
- छात्र अधिकार और ज़िम्मेदारियां

एक पोस्टर या ब्रोशर डिज़ाइन करें और इसे अपनी कक्षा में साझा करें।

अध्याय 5

मशीन लर्निंग की मूल बातें

क्या एक मशीन आपकी तरह सीख सकती है?

कल्पना कीजिए कि आप विभिन्न प्रकार के पक्षियों को पहचानना सीख रहे हैं। पहले, कोई आपको तस्वीरें दिखाता है और उनके नाम बताता है: कबूतर, कौआ, गौरैया। कई उदाहरण देखने के बाद, आप ख़ुद ही पक्षियों की पहचान करना शुरू कर देते हैं — यहां तक कि नए पक्षियों की भी जिन्हें आपने पहले कभी नहीं देखा।

अब कल्पना कीजिए कि कंप्यूटर को भी ऐसा ही करने के लिए प्रशिक्षित किया जा रहा है। यही **मशीन लर्निंग** है — मशीनों को डेटा से सीखना सिखाना, ठीक वैसे ही जैसे आप अनुभव से सीखते हैं।
इस अध्याय में, आप जानेंगे कि **मशीन लर्निंग (ML)** कैसे एआई सिस्टम को समय के साथ डेटा का उपयोग करके "स्मार्ट" बनने में मदद करती है।

अवधारणा को समझें: मशीन लर्निंग क्या है?

मशीन लर्निंग (ML)
मशीन लर्निंग आर्टिफिशियल इंटेलिजेंस का एक उपसमूह है जहाँ मशीनों को स्पष्ट रूप से प्रोग्राम करने के बजाय डेटा से सीखने के लिए प्रशिक्षित किया जाता है।

हर चीज़ के लिए चरण-दर-चरण नियम लिखने के बजाय, हम:
- मशीन को बहुत सारे उदाहरण (डेटा) देते हैं।
- उसे पैटर्न सीखने देते हैं।
- और उन पैटर्न का उपयोग भविष्यवाणियां या निर्णय लेने के लिए करते हैं।

परिभाषा: "मशीन लर्निंग कंप्यूटरों को स्पष्ट रूप से प्रोग्राम किए बिना सीखने का विज्ञान है।" – आर्थर सैमुअल (1959)

एमएल को समझने का उदाहरण

मान लीजिए हम एक मशीन को फलों को पहचानने के लिए प्रशिक्षित करना चाहते हैं।
मशीन पैटर्न सीखती है:
- यदि रंग = पीला और आकार = लंबा → तो यह केला होने की संभावना है।

इमेज	विशेषता 1: रंग	विशेषता 2: आकार	लेबल
सेब	लाल	मध्यम	सेब
केला	पीला	लंबा	केला
संतरा	नारंगी	गोल	संतरा

इस तरह एमएल काम करता है — यह सीखने और परिणामों की भविष्यवाणी करने के लिए विशेषताओं और डेटा का उपयोग करता है।

मशीन लर्निंग के प्रकार

1. सुपरवाइज़्ड लर्निंग (Supervised Learning)

सुपरवाइज़्ड लर्निंग में:

• हम लेबल किए गए डेटा (उत्तर वाले डेटा) का उपयोग करके मशीन को प्रशिक्षित करते हैं।
• मॉडल इनपुट-आउटपुट जोड़े से सीखता है।

उदाहरण:
• इनपुट: एक बिल्ली की तस्वीर
• आउटपुट: "बिल्ली"
• इनपुट: एक कुत्ते की तस्वीर
• आउटपुट: "कुत्ता"

सैकड़ों लेबल वाली छवियों पर प्रशिक्षण के बाद, मॉडल नई छवियों को सटीक रूप से लेबल कर सकता है।

उपयोग के मामले:
• स्पैम ईमेल का पता लगाना
• चेहरा पहचान
• परीक्षा के अंकों की भविष्यवाणी

2. अनसुपरवाइज़्ड लर्निंग (Unsupervised Learning)

अनसुपरवाइज़्ड लर्निंग में:

• डेटा लेबल नहीं किया जाता है।
• मशीन अपने आप छिपे हुए पैटर्न या समूहों (क्लस्टर) को खोजने की कोशिश करती है।

उदाहरण:

• एक शॉपिंग वेबसाइट ख़रीदारी की आदतों के आधार पर उपयोगकर्ताओं को समूहित करती है।

• मशीन ख़रीदारों को गैजेट प्रेमी, पुस्तक पाठक, या फैशन प्रेमी में समूहित कर सकती है।

उपयोग के मामले:

- ग्राहक विभाजन
- बाजार अनुसंधान
- फोटो या फाइलों को व्यवस्थित करना

3. रीइन्फोर्समेंट लर्निंग (Reinforcement Learning)

इस प्रकार में:

- मशीन परीक्षण और त्रुटि (trial and error) से सीखती है।
- उसे कार्यों के आधार पर पुरस्कार या दंड मिलता है।

उदाहरण:

• एक रोबोट चलने की कोशिश करता है। यदि वह गिरता है → दंड। यदि वह आगे बढ़ता है → पुरस्कार।

• समय के साथ, वह चलने का सबसे अच्छा तरीका सीखता है।

उपयोग के मामले:

- सेल्फ-ड्राइविंग कारें
- गेम-प्लेइंग बॉट्स (जैसे अल्फागो)
- औद्योगिक रोबोट

वास्तविक दुनिया में: एमएल कार्रवाई में

स्वास्थ्य सेवा

- लक्षणों के आधार पर रोगी के जोखिम की भविष्यवाणी करना

- बीमारियों के लिए स्कैन (एक्स-रे, एमआरआई) का विश्लेषण करना

बैंकिंग

- लेनदेन पैटर्न का विश्लेषण करके धोखाधड़ी का पता लगाना
- ऋण आवेदनों को स्वीकृत या अस्वीकृत करना

स्मार्टफोन

- व्यक्तिगत कीबोर्ड सुझाव
- आपकी प्राथमिकताओं को सीखने वाले वॉयस असिस्टेंट

ई-कॉमर्स

- पिछली ख़रीद के आधार पर उत्पादों की अनुशंसा करना
- समीक्षाओं को सकारात्मक या नकारात्मक के रूप में वर्गीकृत करना

भारतीय उदाहरण:
आरोग्य सेतु ऐप ने उपयोगकर्ता डेटा और लक्षणों के आधार पर COVID-19 हॉटस्पॉट की पहचान करने के लिए मशीन लर्निंग का उपयोग किया।

इसे स्वयं आज़माएं: आइए एक मिनी एमएल मॉडल बनाएं

गतिविधि 1: आकृतियों को छांटना

- विभिन्न आकृतियों (वृत्त, वर्ग, त्रिभुज) के कागज़ के कटआउट इकट्ठा करें।
- प्रत्येक को लेबल करें।
- अपने दोस्त (जो "मशीन" है) को पैटर्न का निरीक्षण करने दें।
- अब उन्हें एक नई आकृति दें और उन्हें अनुमान लगाने के लिए कहें — क्या उन्होंने सीखा है?

यह **सुपरवाइज़्ड लर्निंग** की नकल करता है।

गतिविधि 2: गूगल की टीचेबल मशीन
यहां जाएं: https://teachablemachine.withgoogle.com

- इमेज प्रोजेक्ट पर क्लिक करें।
- दो वस्तुओं (जैसे किताबें बनाम बोतलें) की छवियां जोड़ें।
- मॉडल को प्रशिक्षित करें।
- नई छवियों के साथ इसका परीक्षण करें।

आपने अभी-अभी **सुपरवाइज़्ड लर्निंग** का उपयोग करके एक छवि वर्गीकरण मॉडल बनाया है!

सोचें और चिंतन करें

• क्या मशीनें कभी इंसानों की तरह सीख सकती हैं — भावनाओं और संदर्भ के साथ?
• यदि एक **एमएल मॉडल** गलत भविष्यवाणी करता है, तो कौन ज़िम्मेदार है?
• क्या बिना पूछे आपके व्यक्तिगत डेटा का उपयोग किसी मॉडल को प्रशिक्षित करने के लिए करना नैतिक है?

आइए दोहराएं: विजुअल सारांश

Code snippet

```
graph TD
    A[MACHINE LEARNING] --> B(Supervised Learning);
    B --> B1[Labeled data];
    A --> C(Unsupervised Learning);
    C --> C1[Pattern discovery];
    A --> D(Reinforcement Learning);
    D --> D1[Rewards & actions];
```

मुख्य अवधारणाओं का सारांश:

- मशीन लर्निंग = एआई जो डेटा से सीखता है
- पैटर्न, उदाहरण और फीडबैक का उपयोग करता है
- प्रमुख प्रकार: सुपरवाइज़्ड, अनसुपरवाइज़्ड, रीइन्फोर्समेंट
- ऐप्स, वेबसाइटों, चिकित्सा उपकरणों और बहुत कुछ को शक्ति प्रदान करता है

स्वयं की जाँच करें: त्वरित प्रश्नोत्तरी

MCQs

- **किस प्रकार की लर्निंग लेबल वाले डेटा का उपयोग करती है?**

क) रीइन्फोर्समेंट

ख) **सुपरवाइज़्ड** ✔

ग) अनसुपरवाइज़्ड

घ) अप्रशिक्षित

- **अनसुपरवाइज़्ड लर्निंग का एक उदाहरण क्या है?**

क) हस्तलेखन की पहचान करना

ख) **ख़रीददारी के आधार पर ग्राहकों का समूहन** ✔

ग) टेक्स्ट का अनुवाद करना

घ) बीमारियों का निदान करना

- **मशीन लर्निंग में पहला क़दम क्या है?**

क) कोड लिखना

ख) **डेटा एकत्र करना** ✔

ग) रोबोट ख़रीदना

घ) परिणाम प्रिंट करना

लघु उत्तरीय प्रश्न

- अपने शब्दों में मशीन लर्निंग को परिभाषित करें।
- एमएल के दो वास्तविक जीवन उपयोगों का नाम बताएं।
- सुपरवाइज़्ड और अनसुपरवाइज़्ड लर्निंग के बीच क्या अंतर है?

एआई में भविष्य का अन्वेषण करें: मशीन लर्निंग में करियर

यदि आपको पैटर्न, तर्क और समस्या-समाधान पसंद है, तो एमएल रोमांचक करियर मार्ग प्रदान करता है:

टिप: आप Google के AI Hub या भारत की ATL Tinkering Labs जैसे मुफ़्त प्लेटफॉर्म के साथ एमएल सीखना शुरू कर सकते हैं।

किताब से परे: परियोजना विचार

प्रोजेक्ट: "मेरे जीवन में एमएल का काम"

एक दिन में **मशीन लर्निंग** आपके साथ कितनी बार बातचीत करती है, इसका एक लॉग बनाएं।

भूमिका	वे क्या करते हैं
एमएल इंजीनियर	भविष्यवाणी करने के लिए मॉडल बनाता है
डेटा एनालिस्ट	बड़े डेटासेट का विश्लेषण करता है
एआई ट्रेनर	प्रशिक्षण डेटा तैयार करता है और मॉडल को परिष्कृत करता है
रोबोटिक्स प्रोग्रामर	स्मार्ट रोबोट को शक्ति प्रदान करने के लिए एमएल का उपयोग करता है

- आपके एप ने कौन सा संगीत सुझाया?
- क्या YouTube ने वीडियो सुझाए?
- क्या आपके फोन ने आपकी टाइपिंग को स्वतः-सही किया?

5 उदाहरणों को दस्तावेज़ीकरण करें और बताएं कि किस प्रकार का **एमएल** इसमें शामिल हो सकता है।

अध्याय 6

पायथन के साथ स्मार्ट कोडिंग

एआई प्रोग्रामिंग में आपका पहला क़दम

पायथन एआई की भाषा क्यों है

मिलिए अनाया से, जो आपकी ही तरह एक छात्रा है। वह **एआई** से मोहित है और छात्रों को परीक्षाओं के लिए रिवीज़न करने में मदद करने के लिए एक चैटबॉट बनाने का सपना देखती है। लेकिन उसे पता नहीं है कि कहाँ से शुरू करें। एक शिक्षक उसे **पायथन** से परिचित कराता है, और अचानक, कोडिंग की दुनिया खुल जाती है — आसान, मज़ेदार और संभावनाओं से भरी।

पायथन सिर्फ एक प्रोग्रामिंग भाषा नहीं है। यह **आर्टिफिशियल इंटेलिजेंस** की भाषा है।
इस अध्याय में, आप सीखेंगे कि पायथन इतना महत्वपूर्ण क्यों है, कोड

की अपनी पहली पंक्तियाँ कैसे लिखें, और यह मशीन लर्निंग और एआई परियोजनाओं से कैसे जुड़ता है।

अवधारणा को समझें: पायथन क्या है?

पायथन: सरल, शक्तिशाली और लोकप्रिय

पायथन एक उच्च-स्तरीय, शुरुआती-अनुकूल प्रोग्रामिंग भाषा है जिसका व्यापक रूप से डेटा साइंस, एआई, वेब डेवलपमेंट और बहुत कुछ में उपयोग किया जाता है।

एआई के लिए पायथन क्यों?

पायथन आपको तर्क पर ध्यान केंद्रित करने देता है, न कि केवल जटिल कोड लिखने पर।

विशेषता	यह एआई में कैसे मदद करता है
सीखना आसान	अंग्रेजी की तरह सरल सिंटैक्स
विशाल समुदाय	हजारों ट्यूटोरियल और लाइब्रेरी
एआई लाइब्रेरी	टेन्सरफ्लो, केरस, साइकिट-लर्न जैसे उपकरण
बहुमुखी	वेब ऐप्स, ऑटोमेशन और रोबोटिक्स में उपयोग

पायथन में मूल अवधारणाएँ

आइए **पायथन** प्रोग्रामिंग के बिल्डिंग ब्लॉक्स का अन्वेषण करें।

1. संदेश प्रिंट करना

Python

```
print("Hello, AI World!")
```

यह कमांड **पायथन** को एक संदेश प्रदर्शित करने के लिए कहता है। यह मशीन के साथ संवाद करने का आपका पहला क़दम है।

2. वेरिएबल्स और डेटा प्रकार

वेरिएबल्स जानकारी संग्रहीत करते हैं।

```
Python
name = "Anaya"       # टेक्स्ट (स्ट्रिंग)
age = 15             # पूर्ण संख्या (इंटीजर)
temperature = 37.5   # दशमलव (फ्लोट)
```

पायथन स्वचालित रूप से डेटा के प्रकार को समझता है।

3. उपयोगकर्ता इनपुट लेना

```
Python
name = input("What is your name? ")
print("Welcome,", name)
```

अब आप उपयोगकर्ता के साथ बातचीत कर सकते हैं — एआई इंटरफेस का एक बड़ा हिस्सा।

4. इफ-एल्स कंडीशन्स

ये मशीनों को निर्णय लेने में मदद करते हैं।

```
Python
age = int(input("Enter your age: "))
if age >= 18:
   print("You are eligible to vote.")
else:
   print("You are not eligible yet.")
```

इस तरह तर्क और निर्णय-निर्माण काम करते हैं — जो **एआई** का मूल है।

5. लूप्स: कार्यों को दोहराना

```
Python
for i in range(5):
    print("This is loop number", i)
```

लूप प्रोग्राम को कार्यों को दोहराने की अनुमति देते हैं, ठीक वैसे ही जैसे मशीनें **एमएल** में प्रशिक्षण कार्यों को दोहराती हैं।

6. सूचियाँ: डेटा को समूहों में संग्रहीत करना

```
Python
fruits = ["apple", "banana", "mango"]
print(fruits[1])   # आउटपुट: banana
```

सूचियां मिनी-डेटाबेस की तरह होती हैं, जो **एआई** को प्रशिक्षित करने के लिए डेटासेट संग्रहीत करने में उपयोगी होती हैं।

वास्तविक दुनिया में: एआई परियोजनाओं में पायथन

पायथन प्रमुख **एआई उपकरण** और प्लेटफॉर्म को शक्ति प्रदान करता है:

स्वास्थ्य सेवा

• बीमारियों की भविष्यवाणी करने वाले मॉडल डेटा क्लीनिंग, प्रशिक्षण और भविष्यवाणियों के लिए पायथन का उपयोग करते हैं।

बैंकिंग

• पायथन का उपयोग उपयोगकर्ता व्यवहार का विश्लेषण करके धोखाधड़ी का पता लगाने के लिए किया जाता है।

शिक्षा

• **एडटेक उपकरण** (जैसे **एआई चैटबॉट्स** और अनुकूली क्विज़) को

पायथन में कोडित किया जाता है।

भारतीय उदाहरण:
भाषिणी भाषा प्लेटफॉर्म पहुंच के लिए भारतीय भाषाओं को वास्तविक समय में बदलने के लिए पायथन-आधारित मॉडल का उपयोग करता है।

इसे स्वयं आज़माएं: आइए कोड लिखें

गतिविधि 1: आपकी पहली पायथन चैट

```
Python
name = input("What's your name? ")
feeling = input("How are you feeling today? ")
print("Hi", name + ", I'm glad you're feeling", feeling)
```

यह एक चैटबॉट जैसे प्रोग्राम की शुरुआत है!

गतिविधि 2: एआई अनुमान लगाने का खेल

```
Python
import random
number = random.randint(1, 10)
guess = int(input("Guess a number between 1 and 10: "))
if guess == number:
    print("Correct!")
else:
    print("Wrong. The number was", number)
```

यह मिनी-एआई प्रोग्राम यादृच्छिक संख्याएँ उत्पन्न करता है और प्रतिक्रिया देता है — ठीक वैसे ही जैसे गेम बॉट करते हैं।

सोचें और चिंतन करें

- क्या पायथन में लिखा गया प्रोग्राम आपकी भावनाओं को समझ सकता है?
- प्रोग्रामिंग एआई उपकरण की निष्पक्षता को कैसे प्रभावित कर सकती है?
- यदि आपने एक एआई ट्यूटर बनाया, तो आप उससे क्या कराना चाहेंगे?

आइए दोहराएं: संक्षेप में पायथन

Code snippet

```
graph TD
    A[PYTHON BASICS]
    A --> B(print() --> Display messages);
    A --> C(input() --> Take user input);
    A --> D(if-else --> Make decisions);
    A --> E(loops --> Repeat tasks);
    A --> F(lists --> Store multiple items);
    A --> G(variables --> Store information);
```

पुनरावृति बिंदु:

- पायथन सरल और शक्तिशाली है — शुरुआती और पेशेवरों दोनों के लिए एकदम सही।
- मुख्य कौशल में प्रिंटिंग, इनपुट, तर्क और लूप शामिल हैं।
- सभी प्रमुख एआई उपकरण और प्लेटफॉर्म में उपयोग किया जाता है।
- भारत के एडटेक और स्वास्थ्य क्षेत्र पायथन पर बहुत अधिक निर्भर करते हैं।

स्वयं की जाँच करें: त्वरित प्रश्नोत्तरी

MCQs

- **पायथन में print() फ़ंक्शन क्या करता है?**

क) प्रोग्राम चलाता है

ख) **टेक्स्ट प्रदर्शित करता है ✔**

ग) इनपुट लेता है

घ) संख्याएँ संग्रहीत करता है

- **निम्नलिखित में से कौन सा एक वैध पायथन वेरिएबल नाम है?**

क) 2name

ख) **name2 ✔**

ग) name!

घ) first name

- **पायथन एआई में व्यापक रूप से क्यों उपयोग किया जाता है?**

क) यह पुराना है

ख) इसमें एक लंबा सिंटैक्स है

ग) **यह सरल है और इसमें एआई लाइब्रेरी हैं ✔**

घ) यह विजुअल का समर्थन नहीं करता है

लघु उत्तरीय प्रश्न

- अपने शब्दों में एक वेरिएबल क्या है? एक उदाहरण दें।
- उपयोगकर्ता का अभिवादन करने के लिए एक छोटा पायथन कोड लिखें।
- पायथन आर्टिफिशियल इंटेलिजेंस से कैसे जुड़ा है?

एआई में भविष्य का अन्वेषण करें: पायथन प्रोग्रामिंग में करियर

पायथन विभिन्न **एआई** और तकनीकी करियर के लिए द्वार खोलता है:

टिप: ऑनलाइन कोडिंग शुरू करने के लिए **गूगल कोलाब, जुपिटर नोटबुक और कोडशेफ** जैसे प्लेटफॉर्म का अन्वेषण करें!

करियर	भूमिका
पायथन डेवलपर	एप्लिकेशन और उपकरण बनाता है
डेटा साइंटिस्ट	पायथन का उपयोग करके डेटा का विश्लेषण करता है
एमएल इंजीनियर	पायथन में मॉडल विकसित करता है
एआई रिसर्चर	एआई फ्रेमवर्क और उपकरण बनाता है

किताब से परे: परियोजना विचार

प्रोजेक्ट: एक पायथन क्विज़ बॉट बनाएं

एक प्रोग्राम बनाएं जो:

- 5 प्रश्न पूछता है
- उपयोगकर्ता इनपुट लेता है
- अंत में एक स्कोर देता है

उदाहरण:

Python

```
score = 0
q1 = input("What is the capital of India? ")
if q1.lower() == "delhi":
    score += 1
print("Your score is", score)
```

कई प्रश्न जोड़ने, सूचियों का उपयोग करने और प्रतिक्रिया देने के लिए इसे अपग्रेड करें!

अध्याय 7

न्यूरल नेटवर्क और उससे आगे

मशीनें मस्तिष्क की नकल कैसे करती हैं

क्या कोई मशीन दिमाग़ की तरह सोच सकती है?

क्या आपने कभी सोचा है कि इंसान किसी चेहरे को तुरंत कैसे पहचानते हैं? या हम अनुभव से कैसे सीखते हैं — जैसे गर्म पैन को दोबारा न छूना?

अब कल्पना कीजिए कि एक मशीन भी ऐसा ही करने की कोशिश कर रही है। यहीं पर न्यूरल नेटवर्क काम आते हैं — वे मशीनों को हमारे दिमाग़ के काम करने के तरीके की नकल करके "सोचने" में मदद करते हैं।

इस अध्याय में, हम जानेंगे कि न्यूरल नेटवर्क क्या होते हैं, वे डेटा से कैसे सीखते हैं, और वे आपके हर दिन उपयोग किए जाने वाले एआई उपकरणों को कैसे शक्ति प्रदान करते हैं।

अवधारणा को समझें: न्यूरल नेटवर्क क्या हैं?

मानव मस्तिष्क से प्रेरित

हमारे दिमाग़ में अरबों न्यूरॉन्स होते हैं — छोटी कोशिकाएं जो एक दूसरे को संकेत पास करती हैं। इसी तरह हम आवाज़ों को पहचानते हैं, भावनाओं को महसूस करते हैं, या किसी गाने को याद करते हैं।

एआई में एक न्यूरल नेटवर्क इस संरचना को दोहराने की कोशिश करता है:

- नोड्स (कृत्रिम न्यूरॉन्स) – मस्तिष्क कोशिकाओं की तरह
- परतें – इनपुट, हिडन और आउटपुट
- कनेक्शन (वजन) – नोड्स के बीच संकेतों की शक्ति

प्रत्येक नोड जानकारी को संसाधित करता है और उसे आगे भेजता है — ठीक वैसे ही जैसे एक मानव न्यूरॉन!

एक न्यूरल नेटवर्क कैसे काम करता है

आइए इसे चरणों में तोड़ें:

- **इनपुट लेयर**

o कच्चा डेटा प्राप्त करता है (जैसे किसी छवि के पिक्सेल या वाक्य में शब्द)

- **हिडन लेयर्स**

o गणना, पैटर्न पहचान और निर्णय लेने का कार्य करता है
o अधिक परतें = अधिक जटिल सोच

- **आउटपुट लेयर**

o अंतिम परिणाम देता है (जैसे "बिल्ली" या "कुत्ता")

उदाहरण:
कल्पना कीजिए कि आप हस्तलिखित अंकों (0-9) को पहचानने के लिए एक मॉडल बना रहे हैं।

- **इनपुट**: अंक "3" की छवि
- **हिडन लेयर्स**: वक्र, रेखाएं, पैटर्न का विश्लेषण करें
- **आउटपुट**: 95% आत्मविश्वास के साथ यह "3" होने की भविष्यवाणी करता है

वास्तविक जीवन का सादृश्य

एक न्यूरल नेटवर्क को एक स्कूल प्रणाली की तरह सोचें:
- **इनपुट लेयर** = स्कूल में प्रवेश करने वाले छात्र
- **हिडन लेयर्स** = शिक्षक और कक्षाएं जहाँ सीखना होता है
- **आउटपुट लेयर** = अंतिम परीक्षा परिणाम

अधिक छात्र + बेहतर शिक्षक = अधिक सटीक परिणाम!

न्यूरल नेटवर्क के प्रकार

- **फीडफॉरवर्ड न्यूरल नेटवर्क (Feedforward Neural Network)**
  - मूल प्रकार जहाँ जानकारी एक ही दिशा में प्रवाहित होती है
  - भाषण और छवि पहचान में उपयोग किया जाता है

- **कनवोल्यूशनल न्यूरल नेटवर्क (CNN)**
  - छवि डेटा के लिए सबसे अच्छा
  - चेहरे की पहचान, एक्स-रे विश्लेषण आदि में उपयोग किया जाता है।

- **रिकरेंट न्यूरल नेटवर्क (RNN)**
  - टेक्स्ट या टाइम सीरीज़ जैसे अनुक्रमिक डेटा के लिए सबसे अच्छा
  - भाषा अनुवाद, चैटबॉट्स, स्टॉक भविष्यवाणियों में उपयोग किया जाता है

वास्तविक दुनिया में: काम पर न्यूरल नेटवर्क

न्यूरल नेटवर्क आपके हर दिन उपयोग किए जाने वाले कई उपकरणों को शक्ति प्रदान करते हैं:

स्मार्टफोन

- फेस अनलॉक सीएनएन का उपयोग करता है
- वॉयस असिस्टेंट वाक्यों को समझने के लिए आरएनएन का उपयोग करते हैं

स्वास्थ्य सेवा

- एआई कैंसर जैसी बीमारियों के लिए एक्स-रे और एमआरआई स्कैन करता है
- पिछले स्वास्थ्य डेटा का उपयोग करके रोगी के जोखिम की भविष्यवाणी करता है

गेमिंग

- बॉट्स परीक्षण और त्रुटि न्यूरल मॉडल का उपयोग करके खेलना और सुधार करना सीखते हैं

शिक्षा

- व्यक्तिगत एआई ट्यूटर जो आपके सीखने के तरीके के अनुकूल होते हैं

भारतीय उदाहरण:

भारत में स्टार्टअप तस्वीरों से फसल रोगों का पता लगाने के लिए सीएनएन-आधारित मॉडल का उपयोग कर रहे हैं, जिससे किसानों को समय पर कार्रवाई करने में मदद मिल रही है।

विज्ञान द्वारा समर्थित: डीप लर्निंग

जब एक न्यूरल नेटवर्क में कई छिपी हुई परतें होती हैं, तो वह एक डीप न्यूरल नेटवर्क बन जाता है — डीप लर्निंग का मूल।

डीप लर्निंग का उपयोग इसमें किया जाता है:

- सेल्फ-ड्राइविंग कारें
- उन्नत चिकित्सा निदान
- वास्तविक समय भाषा अनुवाद
- **चैटजीपीटी** जैसे चैटबॉट्स

मजेदार तथ्य: डीप लर्निंग ने अल्फागो को गो के खेल में एक मानव विश्व चैंपियन को हराने में मदद की — **एआई इतिहास** में एक मील का पत्थर।

इसे स्वयं आज़माएं:
एक छोटा न्यूरल नेटवर्क प्रशिक्षित करें

गतिविधि 1: टीचेबल मशीन – ध्वनि या छवि क्लासिफायरियर

https://teachablemachine.withgoogle.com पर जाएं

चरण:

- एक छवि या ध्वनि प्रोजेक्ट बनाएं।
- 2-3 श्रेणियों (जैसे, ताली बनाम मौन) का उपयोग करके इसे प्रशिक्षित करें।
- इसका लाइव परीक्षण करें — देखें कि आपका मॉडल कितना सटीक है!

यह आपके ब्राउज़र में एक मिनी न्यूरल नेटवर्क का उपयोग करता है!

गतिविधि 2: न्यूरल नेटवर्क पेपर मॉडल

कागज पर वृत्तों की तीन परतें बनाएं:

- 3 इनपुट नोड्स
- 4 हिडन नोड्स
- 1 आउटपुट नोड

उन्हें जोड़ने के लिए स्ट्रिंग या रेखाओं का उपयोग करें। वज़न को लेबल करें और दिखाएं कि संकेत कैसे गुजरते हैं। यह आपको यह कल्पना करने में मदद करता है कि मशीनें कैसे "सोचती हैं।"

सोचें और चिंतन करें

- क्या कोई न्यू**रल नेटवर्क** इंसान से ज्यादा बुद्धिमान हो सकता है?
- आप मशीनों के आपके डेटा से सीखने के बारे में कैसा महसूस करते हैं?
- किन समस्याओं को कभी भी अकेले एआई पर नहीं छोड़ना चाहिए?

आइए दोहराएं: सारांश आरेख

Code snippet

```
graph TD
    A[NEURAL NETWORK STRUCTURE]
    A --> B(Input Layer);
    B --> C(Hidden Layers);
    C --> D(Output Layer);
    C -- (learn) --> C;
    D -- (predict) --> D;
```

मुख्य बातें:

- न्यूरल नेटवर्क मानव मस्तिष्क की नकल करते हैं।
- वे डेटा को संसाधित करने के लिए परतों और नोड्स का उपयोग करते हैं।

• सीएनएन छवियों को संभालते हैं, आरएनएन अनुक्रमों को संभालते हैं।
• डीप लर्निंग = कई परतें = शक्तिशाली मॉडल
• चेहरे की पहचान, चैटबॉट्स, रोबोट और बहुत कुछ में उपयोग किया जाता है।

स्वयं की जाँच करें: त्वरित प्रश्नोत्तरी

MCQs

• **मानव शरीर के किस भाग ने न्यूरल नेटवर्क को प्रेरित किया?**
क) हृदय
ख) **मस्तिष्क में न्यूरॉन्स** ✔
ग) फेफड़े
घ) आंखें

• **किस प्रकार का न्यूरल नेटवर्क छवि पहचान के लिए सबसे अच्छा है?**
क) आरएनएन
ख) **सीएनएन** ✔
ग) एफएनएन
घ) एसवीएम

• **एक डीप न्यूरल नेटवर्क क्या है?**
क) एक मूल न्यूरल नेट
ख) **कई छिपी हुई परतों वाला एक** ✔
ग) एक रोबोट की मेमोरी
घ) एक धीमा प्रोग्राम

लघु उत्तरीय प्रश्न
• एक न्यूरल नेटवर्क की तीन परतें क्या हैं?

- डीप लर्निंग साधारण एमएल से कैसे भिन्न है?
- भारत में सीएनएन के उपयोग का एक वास्तविक दुनिया का उदाहरण दें।

एआई में भविष्य का अन्वेषण करें: न्यूरल नेटवर्क करियर

करियर	भूमिका
डीप लर्निंग इंजीनियर	बहु-परत एआई मॉडल बनाता है
एआई रिसर्चर	नए एल्गोरिदम की खोज करता है
डेटा साइंटिस्ट	वास्तविक दुनिया की समस्याओं पर न्यूरल मॉडल लागू करता है
एमएल मॉडल ट्रेनर	न्यूरल नेट के लिए प्रशिक्षण डेटासेट तैयार करता है

जैसे-जैसे **न्यूरल नेटवर्क** विकसित होते हैं, वैसे-वैसे इस क्षेत्र में करियर भी विकसित होते हैं:

टिप: टेन्सरफ्लो, केरस और **पायटॉर्च** जैसे प्लेटफॉर्म **न्यूरल नेटवर्क** के लिए लोकप्रिय उपकरण हैं — और वे सभी **पायथन** में हैं!

किताब से परे: परियोजना विचार

प्रोजेक्ट: "अपना खुद का एआई सहायक डिज़ाइन करें"

मूल पायथन और टीचेबल मशीन का उपयोग करें:

- अपनी सहायक को ध्वनि (जैसे ताली या आपका नाम) पर प्रतिक्रिया देने के लिए प्रशिक्षित करें

• कार्य करने के लिए पायथन में तर्क जोड़ें (जैसे एक संदेश प्रिंट करें या एक वेबसाइट खोलें)

वैकल्पिक:

• छोटे शिक्षार्थियों के लिए स्क्रैच + एमएल एक्सटेंशन का उपयोग करें
यह तर्क + डेटा + सीखने का मिश्रण करता है — ठीक **न्यूरल नेटवर्क** की तरह।

अध्याय 8

भविष्य के लिए एआई

करियर, स्थिरता और नागरिकता

क्या एआई भविष्य पर हावी हो जाएगा?

साना 17 साल की है और आर्किटेक्ट बनना चाहती है। उसका चचेरा भाई ऋषि डॉक्टर बनना चाहता है। लेकिन दोनों सोचते हैं — क्या एआई उनकी नौकरी छीन लेगा? या क्या एआई इसके बजाय उनका सहायक बन सकता है?

क्या होगा अगर एआई आर्किटेक्ट्स को स्मार्ट बिल्डिंग्स डिज़ाइन करने में मदद कर सके, या डॉक्टरों को बीमारियों का तेज़ी से पता लगाने में?

सच यह है — एआई इंसानों की जगह नहीं लेगा, लेकिन एआई को समझने वाले इंसान उन लोगों की जगह लेंगे जो इसे नहीं समझते।

इस अध्याय में, हम एआई के भविष्य का पता लगाएंगे, यह स्थिरता और ज़िम्मेदार नागरिकता से कैसे जुड़ता है, और युवा लोगों को एआई-संचालित दुनिया में आगे बढ़ने के लिए आवश्यक कौशल और करियर क्या हैं।

अवधारणा को समझें:
एआई का भविष्य कैसा दिखता है?

एआई सिर्फ एक उपकरण नहीं है — यह एक परिवर्तनकारी शक्ति है जो फिर से आकार देगी:

- नौकरियाँ
- उद्योग
- सरकारें
- शिक्षा
- पर्यावरण

आइए समझते हैं कैसे।

एआई में भविष्य के करियर

एआई में काम करने के लिए आपको कोडर होने की आवश्यकता नहीं है। इस क्षेत्र को कलाकारों, शिक्षकों, डॉक्टरों, लेखकों, वकीलों, भाषाविदों और बहुत कुछ की आवश्यकता है — सभी एआई के साथ काम कर रहे हैं।

करियर क्षेत्र और भूमिकाएँ

भारतीय उदाहरण: किसान एआई किसानों को यह तय करने में मदद करता है कि क्या उगाना है, और **भाषिणी** लोगों को भाषाओं में जुड़ने में मदद करती है।

डोमेन	भूमिका
स्वास्थ्य सेवा	एआई-सहायक डॉक्टर, मेडिकल डेटा एनालिस्ट
कृषि	सटीक कृषि एनालिस्ट, ड्रोन तकनीशियन
शिक्षा	एडटेक डिजाइनर, एआई ट्यूटर डेवलपर

मीडिया और लेखन	सामग्री मध्यस्थ, एआई कहानी जनरेटर
सरकार	एआई पॉलिसी मेकर, डिजिटल गवर्नेंस विशेषज्ञ
पर्यावरण	जलवायु पूर्वानुमान के लिए एआई, संरक्षण रोबोटिक्स

एआई और सतत विकास

स्थिरता का अर्थ है संसाधनों का बुद्धिमानी से उपयोग करना ताकि भविष्य की पीढ़ियां पनप सकें। एआई कई तरीकों से मदद कर सकता है:

1. कृषि

- एआई फसल रोगों और वर्षा की भविष्यवाणी करता है
- उर्वरक और पानी की बर्बादी को कम करने में मदद करता है

2. ऊर्जा

- एआई सिस्टम बिजली ग्रिड को अनुकूलित करते हैं
- स्मार्ट घर प्रकाश और तापमान को समायोजित करते हैं

3. परिवहन

- एआई ट्रैफिक कम करता है, ईंधन बचाता है, उत्सर्जन कम करता है

4. जलवायु परिवर्तन

- सैटेलाइट एआई वन आवरण और प्रदूषण स्तर को ट्रैक करता है
- आपदाओं का पूर्वानुमान लगाता है और राहत योजना का समर्थन करता है

भारत का **"सभी के लिए एआई"** मिशन एआई को संयुक्त राष्ट्र के **सतत विकास लक्ष्यों (एसडीजी)** से जोड़ता है।

एआई भविष्य के लिए आपको आवश्यक 21वीं सदी के कौशल

भविष्य में सफल होने के लिए, आपको केवल तकनीकी कौशल से अधिक की आवश्यकता है। आपको चाहिए:

कौशल	यह क्यों महत्वपूर्ण है
क्रिटिकल थिंकिंग	एआई निर्णयों और पूर्वाग्रहों पर सवाल उठाना
समस्या-समाधान	वास्तविक दुनिया की चुनौतियों को हल करने के लिए एआई का उपयोग करना
रचनात्मकता	नए ऐप्स, बॉट्स और समाधान बनाना
संचार	एआई विचारों को दूसरों को समझाना
सहयोग	विभिन्न टीमों और भूमिकाओं के साथ काम करना
नैतिकता	सुनिश्चित करना कि एआई निष्पक्ष और सुरक्षित है

इन्हें **21वीं सदी की योग्यताएं** कहा जाता है, और वे एनईपी 2020 और एनसीएफ 2023 के केंद्र में हैं।

ज़िम्मेदार एआई नागरिकता

एआई उपकरणों से भरी दुनिया में, आपको केवल एक उपयोगकर्ता से अधिक होना चाहिए — आपको एक ज़िम्मेदार डिजिटल नागरिक होना चाहिए।

आपकी भूमिकाएँ:

- समझें कि आपके डेटा का उपयोग कैसे किया जाता है
- ग़लत सूचना या डीपफेक के बारे में सतर्क रहें
- एआई का अच्छे के लिए उपयोग करें — नुकसान के लिए नहीं
- दुरुपयोग या अनुचित एआई व्यवहार की रिपोर्ट करें

आपके अधिकार:

- डिजिटल गोपनीयता का अधिकार
- पारदर्शी एआई का अधिकार
- प्रौद्योगिकी के निष्पक्ष उपयोग का अधिकार

जिम्मेदार नागरिकता + नैतिक एआई = सुरक्षित, स्मार्ट दुनिया

इसे स्वयं आज़माएं: भविष्य को आकार दें

गतिविधि 1: एक एआई करियर पोस्टर डिज़ाइन करें
अपनी रुचि के क्षेत्र का चयन करें (जैसे, संगीत, खेल, चिकित्सा)।

एक पोस्टर बनाएं जो इन सवालों का जवाब दे:

- इस क्षेत्र में एआई का उपयोग कैसे किया जाता है?
- कौन से करियर उभरेंगे?
- आपको किन कौशलों की आवश्यकता होगी?

अपने पोस्टर को कक्षा में प्रदर्शित करें और साथियों के साथ चर्चा करें।

गतिविधि 2: पृथ्वी चुनौती के लिए एआई
एक स्थानीय समस्या चुनें: पानी की कमी, प्रदूषण, यातायात, आदि।

अब विचार करें:

- एआई इसे हल करने में कैसे मदद कर सकता है?
- इसे किस डेटा की आवश्यकता होगी?
- समाधान का उपयोग कौन करेगा?

एक 1-पृष्ठ का विचार पिच लिखें — आप अपना पहला ग्रीन स्टार्टअप लॉन्च कर सकते हैं!

सोचें और चिंतन करें

- क्या एआई नौकरियों को कम करेगा या नए बनाएगा?
- क्या एआई सिस्टम को एक संस्कृति या देश के लोगों द्वारा लिखे गए नियमों का पालन करना चाहिए?
- एआई का ज़िम्मेदारी से उपयोग सुनिश्चित करने में आपकी क्या भूमिका है?

आइए दोहराएं: एआई भविष्य एक नज़र में

Code snippet

```
graph TD
    A[THE FUTURE WITH AI]
    A --> B(New Careers);
    B --> B1[AI in every field];
    B --> B2[Cross-disciplinary roles];
    A --> C(Sustainability);
    C --> C1[AI for crops, climate, clean energy];
    A --> D(Skills Needed);
    D --> D1[Thinking, coding, creating, leading];
    A --> E(Responsible Citizenship);
    E --> E1[Ethics, privacy, fairness];
```

मुख्य बातें:

- न्यूरल नेटवर्क मानव मस्तिष्क की नकल करते हैं।
- वे डेटा को संसाधित करने के लिए परतों और नोट्स का उपयोग करते हैं।
- सीएनएन छवियों को संभालते हैं, आरएनएन अनुक्रमों को संभालते हैं।
- डीप लर्निंग = कई परतें = शक्तिशाली मॉडल
- चेहरे की पहचान, चैटबॉट्स, रोबोट और बहुत कुछ में उपयोग किया जाता है।

स्वयं की जाँच करें: त्वरित प्रश्नोत्तरी

MCQs

- **इनमें से कौन सा 21वीं सदी का कौशल नहीं है?**

क) याद रखना ✔
ख) रचनात्मकता
ग) समस्या-समाधान
घ) सहयोग

- **एआई प्रदूषण कम करने में कैसे मदद कर सकता है:**

क) अधिक धुआँ पैदा करके
ख) यातायात को अनुकूलित करके ✔
ग) पवन चक्कियों को बदलकर
घ) सड़कों को अवरुद्ध करके

- **एक ज़िम्मेदार एआई नागरिक क्या करता है?**

क) चैटबॉट्स को स्पैम करता है
ख) फेशियल डेटा हैक करता है
ग) एआई दुरुपयोग की रिपोर्ट करता है ✔
घ) एआई से होमवर्क कॉपी करता है

लघु उत्तरीय प्रश्न

- अपनी रुचि के क्षेत्र में एआई द्वारा बनाई जा सकने वाली दो नौकरियों के नाम बताएं।
- एआई जलवायु परिवर्तन में कैसे मदद करता है?
- एआई में नैतिकता सीखना क्यों महत्वपूर्ण है?

एआई में भविष्य का अन्वेषण करें: आप परिवर्तन का नेतृत्व कर सकते हैं

चाहे आप कोडर, डिज़ाइनर, किसान, फिल्म निर्माता या शिक्षक बनना चाहते हों — एआई आपके लिए है।

दुनिया को चाहिए:

- एआई चेंजमेकर्स
- नैतिक विचारक
- टेक-पॉजिटिव नेता
- दिल के साथ समस्या-समाधान करने वाले

एआई सीखें। इसे अच्छे के लिए उपयोग करें। दुनिया को बदलें — एक स्मार्ट समाधान के साथ।

किताब से परे: परियोजना विचार

प्रोजेक्ट: "एआई फॉर इंडिया 2047"

भारत 2047 में आजादी के 100 साल पूरे करेगा। एआई द्वारा संचालित एक बेहतर भारत की कल्पना करें।

- कौन सी समस्याएं हल हो गई हैं?
- कौन सी नई तकनीकें मौजूद हैं?
- आपने क्या भूमिका निभाई?

एक विजन डॉक्यूमेंट या रचनात्मक पोस्टर बनाएं: "मेरा भारत 2047 – एआई द्वारा संचालित"

इसे स्वतंत्रता दिवस या विज्ञान प्रदर्शनी दिवस पर स्कूल में प्रस्तुत करें।

अध्याय 9

भारत में एआई

नवाचार से समावेशन तक

भारत की एआई यात्रा

राजस्थान के एक छोटे से गाँव में, एक किसान एक मोबाइल एप का उपयोग करता है जो उसे बताता है कि अपनी फसलों को कब पानी देना है। बेंगलुरु में, एक स्टार्टअप एक एआई टूल बनाता है जो तमिल का अंग्रेजी में तुरंत अनुवाद करता है। दिल्ली में, छात्र परीक्षाओं की तैयारी के लिए एआई-संचालित एप का उपयोग करते हैं।

भारत केवल एआई का उपयोग नहीं कर रहा है — वह इसे बना रहा है, इसे अनुकूलित कर रहा है, और इसे साझा कर रहा है।
यह अध्याय बताता है कि भारत समावेशन, नवाचार और प्रभाव के लिए एआई में वैश्विक नेता कैसे बन रहा है।

अवधारणा को समझें: भारत का एआई विज़न

एआई के लिए राष्ट्रीय रणनीति

2018 में, नीति आयोग ने भारत की आधिकारिक एआई रणनीति जारी की जिसका शीर्षक था:

"#सभीकेलिएएआई" – यह सुनिश्चित करने के लिए कि एआई कुछ ही नहीं, बल्कि हर नागरिक को लाभ पहुँचाए।

मुख्य लक्ष्य:

- कृषि उत्पादकता को बढ़ावा देना
- स्वास्थ्य सेवा तक पहुंच में सुधार
- शिक्षा को मज़बूत करना
- स्मार्ट गतिशीलता को बढ़ावा देना
- डिजिटल शासन को बढ़ाना

भारत का ध्यान **एआई** पर है जो अपनी विविध आबादी के लिए वास्तविक दुनिया की समस्याओं को हल करता है।

प्रमुख परियोजनाएं और पहल

1. भाषिणी

- एआई-आधारित भाषा मंच जो भारतीय भाषाओं के बीच वास्तविक समय में अनुवाद करता है
- सरकारी सेवाओं और डिजिटल उपकरणों को सभी के लिए समावेशी बनाता है

2. इंडिया स्टैक

- आधार, यूपीआई और डिजीलॉकर को जोड़कर सहज डिजिटल पहचान

बनाता है
• बैंकिंग, शिक्षा, सार्वजनिक कल्याण में उपयोग किया जाता है

3. एआई फॉर यूथ (सीबीएसई + इंटेल)
• कक्षा 8 से आगे स्कूलों में एआई पाठ्यक्रम शुरू करता है
• छात्रों को स्थानीय समस्याओं के लिए समाधान बनाने के लिए प्रोत्साहित करता है

4. आरोग्य सेतु
• COVID-19 महामारी के दौरान एआई डेटा मॉडलिंग का उपयोग करके हॉटस्पॉट की पहचान करने के लिए उपयोग किया जाता है

एआई स्टार्टअप और इनोवेशन हब

स्टार्टअप	फोकस क्षेत्र
निरामाई	थर्मल इमेजिंग का उपयोग करके प्रारंभिक स्तन कैंसर का पता लगाने के लिए एआई
क्रॉपइन	फार्म एनालिटिक्स और फसल की निगरानी के लिए एआई
स्टाकू	पुलिस विभागों के लिए आवाज-आधारित अपराध डेटा विश्लेषण
रेवेरी	एनएलपी का उपयोग करके भाषा स्थानीयकरण उपकरण

भारत में एक जीवंत एआई स्टार्टअप पारिस्थितिकी तंत्र है। कुछ उदाहरण: सरकार ने अनुसंधान एवं विकास का समर्थन करने के लिए बेंगलुरु, हैदराबाद और मुंबई जैसे शहरों में **एआई** में उत्कृष्टता केंद्र भी शुरू किए।

भारतीय शिक्षा में एआई

राष्ट्रीय शिक्षा नीति 2020:

- कम उम्र से एआई, कोडिंग और कंप्यूटेशनल सोच को बढ़ावा देता है
- परियोजना-आधारित, व्यावहारिक शिक्षा को प्रोत्साहित करता है
- नैतिक उपयोग और समावेशिता पर ज़ोर देता है

एटीएल लैब्स (अटल टिंकरिंग लैब्स):

- भारत भर में 10,000+ नवाचार प्रयोगशालाएं जहां छात्र एआई उपकरणों और सेंसर के साथ निर्माण कर सकते हैं

इसे स्वयं आज़माएं: स्थानीय एआई चुनौती

गतिविधि: "मेरे शहर के लिए एआई"

अपनी समुदाय की एक समस्या चुनें — जैसे कचरा, पानी, यातायात, या शिक्षा।

जवाब दें:

- एआई इसे हल करने में कैसे मदद कर सकता है?
- किस डेटा की आवश्यकता होगी?
- क्या आप पायथन या टीचेबल मशीन का उपयोग करके एक समाधान बना सकते हैं?

अपने विचार को एक छोटे वीडियो या पोस्टर के रूप में प्रस्तुत करें।

सोचें और चिंतन करें

- भारत को ऐसे एआई उपकरणों की आवश्यकता क्यों है जो कई भाषाओं का समर्थन करते हैं?
- क्या एआई भारत जैसे विविध देश में सामाजिक असमानताओं को कम

करने में मदद कर सकता है?

- भारत के एआई नवाचार में छात्र क्या भूमिका निभा सकते हैं?

आइए दोहराएं

Code snippet

```
graph TD
    A[INDIA'S AI MISSION]
    A --> B[#AIforAll (NITI Aayog)];
    A --> C[Key Platforms: Bhashini, India Stack, UPI];
    A --> D[Startups: Niramai, CropIn, Staqu];
    A --> E[Education: AI for Youth, ATL Labs];
    A --> F[Goals: Health, Education, Farming, Governance];
```

स्वयं की जाँच करें

MCQs

- **#सभीकेलिएएआई का लक्ष्य क्या है?**

क) केवल तकनीकी कंपनियों के लिए एआई

ख) **ग्रामीण विकास के लिए एआई ✔**

ग) गेमिंग के लिए एआई

घ) केवल व्यवसाय के लिए एआई

- **भारत में COVID-19 हॉटस्पॉट को ट्रैक करने वाला कौन सा एप था?**

क) यूपीआई

ख) डिजीलॉकर

ग) **आरोग्य सेतु ✔**

घ) भाषिणी

- **भाषिणी का उद्देश्य क्या है?**

क) ऑनलाइन भुगतान
ख) **भाषा अनुवाद ✔**
ग) अपराध का पता लगाना
घ) जलवायु भविष्यवाणी

भारत के एआई आंदोलन से करियर

भूमिका	क्षेत्र
एआई भाषा विशेषज्ञ	बहुभाषी तकनीक
एआई नीति सलाहकार	सरकार और विनियमन
एआई इनोवेटर	स्टार्टअप और उत्पाद
सामाजिक भलाई के लिए एआई विशेषज्ञ	एनजीओ, एसडीजी परियोजनाएं

परियोजना विचार: "सभी के लिए आवाज़"

एक प्रोटोटाइप बनाएं या डिज़ाइन करें जो:

- आपकी क्षेत्रीय भाषा में आवाज़ कमांड सुनता है
- उपयोगी जानकारी (मौसम, स्कूल का समय, आदि) के साथ प्रतिक्रिया देता है

प्रारंभिक बिंदु के रूप में **टीचेबल मशीन + पायथन + हिंदी/मराठी/बंगाली** इनपुट का उपयोग करें।

अध्याय 10

अपना ख़ुद का एआई प्रोजेक्ट बनाएं

एक चरण-दर-चरण मार्गदर्शिका

सीखने से निर्माण तक

कल्पना कीजिए कि आप अपने शिक्षक को बता रहे हैं: "मैंने अपना ख़ुद का एआई बनाया!"

गर्व का वह क्षण — अपने विचार को साकार होते देखना — यही इस अध्याय का मुख्य विषय है।

अब समय आ गया है कि आप अपने ज्ञान को क्रियान्वित करें। चाहे आप **टीचेबल मशीन**, पायथन, या मोबाइल एप बिल्डर का उपयोग कर रहे हों, यह मार्गदर्शिका आपको अपना पहला वास्तविक **एआई प्रोजेक्ट** बनाने में मदद करेगी।

अवधारणा को समझें: एआई प्रोजेक्ट चक्र

निर्माण से पहले, आपको एक निर्माता की तरह सोचना चाहिए। एआई प्रोजेक्ट आमतौर पर इस 4-चरणीय चक्र का पालन करते हैं:

Code snippet

```
graph LR
    A[1. Problem Scoping] --> B[2. Data Acquisition];
    B --> C[3. Model Building];
    C --> D[4. Evaluation];
```

आइए एक वास्तविक दुनिया के उदाहरण का उपयोग करके इन्हें विस्तार से समझते हैं।

उदाहरण प्रोजेक्ट: एआई इमोशन डिटेक्टर

यह क्या करता है:
वेबकैम का उपयोग करके यह पहचानता है कि कोई व्यक्ति खुश, उदास या तटस्थ है — और "खुश रहो!" या "मुस्कुराते रहो!" जैसा जवाब देता है।

चरण 1: समस्या का दायरा निर्धारण (Problem Scoping)
अपने आप से पूछें:

- मैं एआई से क्या करवाना चाहता हूँ?
- इसका उपयोग कौन करेगा?
- यह उपयोगी क्यों है?

लक्ष्य: ऑनलाइन कक्षाओं में शिक्षकों को छात्रों की भावनात्मक स्थिति समझने में मदद करना
उपयोगकर्ता: शिक्षक और छात्र
क्यों: जुड़ाव में सुधार और मानसिक कल्याण का समर्थन करने के लिए

चरण 2: डेटा अधिग्रहण (Data Acquisition)
आपको अपने एआई को प्रशिक्षित करने के लिए डेटा की आवश्यकता है — इस मामले में, चेहरे के भाव।

यदि आप टीचेबल मशीन का उपयोग करते हैं:

- "इमेज प्रोजेक्ट" पर क्लिक करें
- 3 श्रेणियों को लेबल करें: खुश, उदास, तटस्थ
- प्रत्येक भावना के लिए 20+ वेबकैम छवियां कैप्चर करें

यदि आप पायथन + ओपनसीवी (उन्नत) का उपयोग करते हैं:

- खुले डेटासेट का उपयोग करें (जैसे FER-2013 या CK+)
- या अपने वेबकैम का उपयोग करके खुद रिकॉर्ड करें

चरण 3: मॉडल निर्माण (Model Building)
टीचेबल मशीन का उपयोग करके (कोई कोड नहीं):

- अपने भावनात्मक डेटा के साथ मॉडल को प्रशिक्षित करें
- "एक्सपोर्ट मॉडल" पर क्लिक करें
- इसे एक वेब ऐप में उपयोग करें, या किसी साइट में एम्बेड करें

पायथन का उपयोग करके (कोड के साथ):

```
Python
from keras.models import Sequential
from keras.layers import Dense
# Add your model layers here
# Train using data from images
```

यदि आपने पहले से ही पायथन का अभ्यास किया है तो आप टेन्सरफ्लो, केरस, या पायटॉर्च का उपयोग कर सकते हैं।

चरण 4: मूल्यांकन (Evaluation)

प्रशिक्षण के बाद, अपने मॉडल का परीक्षण करें:

- विभिन्न भाव दिखाएं
- क्या यह सही ढंग से भविष्यवाणी करता है?
- सटीकता क्या है (उदाहरण के लिए, 85%)?

यदि मॉडल ग़लतियाँ करता है:

- अधिक छवियां जोड़ें
- प्रत्येक भावना के लिए संतुलित डेटा सुनिश्चित करें
- प्रकाश और पृष्ठभूमि की जाँच करें

वैकल्पिक शुरुआती प्रोजेक्ट: एआई क्विज बॉट (पायथन)

आप एक साधारण टेक्स्ट-आधारित एआई चैटबॉट के साथ भी शुरुआत कर सकते हैं जो:

- उपयोगकर्ता से प्रश्न पूछता है
- उत्तरों से सीखता है
- प्रतिक्रिया देता है

Python

```
name = input("What's your name? ")
answer = input("How are you feeling today? ")
if "sad" in answer:
    print("I hope things get better soon, " + name)
elif "happy" in answer:
    print("That's awesome, " + name + "!")
else:
    print("Thanks for sharing, " + name)
```

अन्य एआई प्रोजेक्ट विचार

विचार	डोमेन
एआई पालतू जानवर क्लासिफायरियर	कंप्यूटर विजन
स्मार्ट प्लांट वाटरिंग रिमाइंडर	डेटा + आईओटी
परीक्षा युक्तियों के लिए चैटबॉट	एनएलपी
ट्रैफिक जाम प्रिडिक्टर	डेटा एनालिटिक्स
करियर रिकमेंडर क्विज	एमएल + लॉजिक

इसे स्वयं आज़माएं: बनाएं + साझा करें

गतिविधि: एआई प्रोजेक्ट पोर्टफोलियो

अपने प्रोजेक्ट का एक-पृष्ठ का सारांश बनाएं:

- शीर्षक
- समस्या जिसका यह समाधान करता है
- उपयोग किए गए उपकरण (पायथन, टीएम, आदि)
- स्क्रीनशॉट या कोड
- आपने क्या सीखा

अपना पोर्टफोलियो अपने शिक्षक, सहपाठियों, या एटीएल, गिटहब, या कागल जूनियर्स जैसे ऑनलाइन टेक क्लबों के साथ साझा करें!

सोचें और चिंतन करें

- प्रोजेक्ट बनाते समय आपको सबसे बड़ी चुनौती क्या थी?
- आप अगले संस्करण में अपने एआई में कैसे सुधार करेंगे?
- क्या आपका एआई आपके समुदाय में किसी की मदद कर सकता है?

आइए दोहराएं: एआई प्रोजेक्ट चेकलिस्ट

Code snippet

```
graph TD
    A[AI Project Checklist] --> B[✔ Define the problem];
    A --> C[✔ Collect and label data];
    A --> D[✔ Choose a platform (Python / TM / App Builder)];
    A --> E[✔ Train your model];
    A --> F[✔ Test and improve];
    A --> G[✔ Present your solution];
```

स्वयं की जाँच करें: त्वरित समीक्षा

MCQs

- **एआई प्रोजेक्ट में पहला क़दम क्या है?**

क) कोडिंग

ख) डेटा संग्रह

ग) **समस्या का दायरा निर्धारण** ✔

घ) मॉडल परीक्षण

- **कौन सा प्लेटफॉर्म आपको बिना कोड के एआई मॉडल बनाने देता है?**

क) विजुअल स्टूडियो

ख) स्क्रैच

ग) **टीचेबल मशीन** ✔

घ) एक्सेल

- **मॉडल की सटीकता में क्या सुधार करता है?**

क) कम डेटा

ख) पक्षपाती डेटा

ग) **अधिक संतुलित डेटा ✔**

घ) यादृच्छिक इनपुट

लघु प्रश्न

- एआई प्रोजेक्ट चक्र के 4 चरण क्या हैं?
- आप अपने एआई को निष्पक्ष और समावेशी कैसे बना सकते हैं?
- एआई मॉडल का उपयोग करने से पहले परीक्षण क्यों महत्वपूर्ण है?

भूमिका	वास्तविक-विश्व पथ
छात्र इनोवेटर	एटीएल, सीबीएसई, विज्ञान मेले
एआई डेवलपर	हैकाथॉन, ऑनलाइन प्लेटफॉर्म
अच्छे के लिए एआई एंबेसडर	तकनीक का उपयोग करके सामाजिक परियोजनाएं
युवा टेकप्रेन्योर	एआई + प्रभाव के साथ स्टार्टअप विचार

एआई में भविष्य का अन्वेषण करें: परियोजनाओं से उत्पादों तक

अपना पहला एआई प्रोजेक्ट बनाकर, आपने पहले ही वह कर लिया है जो कई पेशेवर करते हैं। आगे बढ़ते रहें:

आज आपका छोटा सा विचार कल भारत — या दुनिया के लिए एक स्मार्ट समाधान बन सकता है।

किताब से परे: राष्ट्रीय एआई प्रोजेक्ट चुनौती

प्रोजेक्ट प्रॉम्प्ट: "भारत के भविष्य के लिए एआई"
अपने विचार या काम कर रहे प्रोजेक्ट को जमा करें:

- **सीबीएसई एआई प्रोजेक्ट चैलेंज**
- **अटल इनोवेशन मिशन (एआईएम)**
- **माईगव इनोवेशन हैकाथॉन**

एक वास्तविक मुद्दे पर ध्यान केंद्रित करें: शिक्षा, स्वास्थ्य, कृषि, वित्त, या सुरक्षा। **इसे बनाएं:**

- उपयोगी
- नैतिक
- रचनात्मक

आप कल के एआई निर्माता हैं।

बोनस अध्याय

सामाजिक भलाई के लिए एआई

स्मार्ट तकनीक से बदलाव बनें

दिल वाली तकनीक

कल्पना कीजिए कि आप एक ऐसा एप बना रहे हैं जो आपके समुदाय में भोजन की बर्बादी को कम करने में मदद करता है। या एक चैटबॉट जो बुजुर्ग लोगों के लिए उनकी मूल भाषा में सवालों के जवाब देता है। या एक ऐसा मॉडल जो स्वच्छ पानी की कमी की भविष्यवाणी करता है।

एआई सिर्फ मशीनों के बारे में नहीं है — यह दुनिया को बेहतर बनाने के बारे में है।

इस बोनस अध्याय में, आप सीखेंगे कि सामाजिक भलाई के लिए एक एआई प्रोजेक्ट कैसे बनाएं या डिजाइन करें, और कैसे छात्र भी स्मार्ट, नैतिक तकनीक का उपयोग करके स्थानीय समस्याओं को हल कर सकते हैं।

अवधारणा को समझें: सामाजिक भलाई के लिए एआई क्या है?

सामाजिक भलाई के लिए एआई का अर्थ है आर्टिफिशियल इंटेलिजेंस का उपयोग करना:

- लोगों की मदद करना
- सामुदायिक समस्याओं को हल करना
- पर्यावरण संरक्षण का समर्थन करना
- समावेशन और समानता को बढ़ावा देना

लक्ष्य: वास्तविक प्रभाव बनाने के लिए स्मार्ट एल्गोरिदम + बड़े दिलों का उपयोग करें।

स्थानीय चुनौतियों की पहचान करें

अपने आप से पूछें:

- आपके शहर, स्कूल या परिवार में कौन सी समस्याएं मौजूद हैं?
- क्या एआई एक स्मार्ट, सरल समाधान प्रदान कर सकता है?

समस्या	एआई समाधान विचार
कचरा अतिप्रवाह	पूर्ण डिब्बे का पता लगाने के लिए छवि क्लासिफायरियर
खोए हुए स्कूल के दिन	चेहरे की पहचान का उपयोग करके उपस्थिति जांचकर्ता
भाषा बाधाएँ	एआई अनुवादक चैटबॉट
परीक्षा का तनाव	भावनात्मक डिटेक्टर + युक्तियाँ जनरेटर
पानी की बर्बादी	आईओटी सेंसर + उपयोग अलर्ट के लिए एमएल

सरल, मापनीय और सामाजिक रूप से उपयोगी समस्याओं पर ध्यान केंद्रित करें।

अपनी भलाई के लिए एआई परियोजना की योजना बनाएं

चरण 1: समस्या को परिभाषित करें

- चुनौती क्या है?
- कौन प्रभावित है?
- यह कितनी बार होता है?
- यह क्यों मायने रखता है?

उदाहरण: "मेरे पड़ोस में बुजुर्ग लोग स्मार्टफोन का उपयोग नहीं कर सकते क्योंकि वे अंग्रेज़ी नहीं बोलते हैं।"

चरण 2: एआई का उपयोग करके एक समाधान डिज़ाइन करें

पूछें:

- क्या चैटबॉट मदद कर सकता है?
- क्या एक विज़न मॉडल छवियों को पहचान सकता है?
- क्या डेटा एकत्र और विजुअलाइज़ किया जा सकता है?
- क्या किसी पैटर्न की भविष्यवाणी करने का कोई सरल तरीका है?

अपना प्लेटफॉर्म चुनें:

- नो-कोड: टीचेबल मशीन, स्क्रैच + एमएल एक्सटेंशन
- लो-कोड: एमआईटी ऐप इन्वेंटर, गूगल शीट्स + एपशीट
- कोड: पायथन + एमएल लाइब्रेरी

चरण 3: डेटा एकत्र करें या उसका अनुकरण करें

डेटा स्रोत हो सकते हैं:

- गूगल फॉर्म (उदाहरण के लिए, सर्वेक्षण उत्तर एकत्र करने के लिए)
- टीचेबल मशीन (वेबकैम छवियों को एकत्र करने के लिए)

• सार्वजनिक डेटासेट (कागल या सरकारी पोर्टलों से)
सुनिश्चित करें कि आपका डेटा नैतिक, सुरक्षित और अनुमति-आधारित है।

चरण 4: बनाएं, परीक्षण करें, सुधारें
इसे सरल रखें:

- 5-10 उपयोगकर्ताओं के साथ परीक्षण करें
- प्रतिक्रिया प्राप्त करें
- सटीकता या उपयोगिता को ट्रैक करें
- चरण-दर-चरण सुधारें

टिप: एक परियोजना जो 70% अच्छी तरह से काम करती है और एक वास्तविक आवश्यकता को हल करती है, एक 99% सटीक मॉडल से बेहतर है जो किसी की मदद नहीं करता है।

इसे स्वयं आज़माएं: छात्र परियोजना स्प्रिंट

गतिविधि: "मेरे परिवार के लिए एआई"
एक मिनी एआई प्रोजेक्ट बनाएं जो आपके घर में किसी की मदद करे:

- अपने छोटे भाई-बहन के लिए एक कैलकुलेटर बॉट
- अपने दादा-दादी के लिए एक आवाज़ कमांड सिस्टम
- एक होमवर्क प्लानर जो रिमाइंडर का उपयोग करता है

उपयोग करें:

- स्क्रिप्टिंग के लिए पायथन
- गूगल शीट्स + फॉर्मूला
- एक्सटेंशन के साथ स्क्रैच
- भाषण/छवि पहचान के लिए टीचेबल मशीन

छात्र स्पॉटलाइट – वास्तविक उदाहरण

प्रोजेक्ट: एआई मास्क डिटेक्टर

COVID-19 के दौरान दिल्ली के छात्रों द्वारा

- यह पता लगाने के लिए कंप्यूटर विज़न का उपयोग किया गया कि क्या लोग स्कूल गेट पर मास्क पहन रहे थे
- नियम तोड़ने पर कर्मचारियों को अलर्ट भेजा गया

प्रोजेक्ट: जल अपशिष्ट मॉनिटर

महाराष्ट्र के छात्रों द्वारा

- अतिरिक्त पानी के उपयोग का पता लगाने के लिए कम लागत वाले सेंसर और एआई का उपयोग किया गया
- एक एप से जुड़ा हुआ है जो परिवारों को दैनिक उपयोग रिपोर्ट भेजता है

सोचें और चिंतन करें

- क्या एआई हर सामाजिक समस्या को हल कर सकता है?
- सार्वजनिक उपयोग के लिए एआई बनाने के साथ कौन सी जिम्मेदारियां आती हैं?
- आप अपने एआई-फॉर-गुड प्रोजेक्ट को गैर-तकनीकी व्यक्ति को कैसे समझाएंगे?

आइए दोहराएं

Code snippet

```
graph TD
    A[AI FOR SOCIAL GOOD]
    A --> B[Identify a real problem];
    A --> C[Design simple AI-based solution];
```

```
A --> D[Collect ethical data];
A --> E[Build, test, share];
A --> F[Make real impact!];
```

स्वयं की जाँच करें

MCQs

- **“एआई फॉर सोशल गुड” का क्या अर्थ है?**

क) पैसा बनाने के लिए एआई
ख) **समाज की मदद करने के लिए एआई ✔**
ग) वीडियो गेम के लिए एआई
घ) हैकिंग के लिए एआई

- **इनमें से कौन सी एक सामाजिक समस्या है जिसे एआई हल करने में मदद कर सकता है?**

क) **जलवायु परिवर्तन ✔**
ख) जोर से संगीत बजाना
ग) तनाव बढ़ाना
घ) उपरोक्त में से कोई नहीं

- **एक सामाजिक एआई प्रोजेक्ट में सबसे महत्वपूर्ण क्या है?**

क) 100% सटीकता
ख) **वास्तविक प्रभाव ✔**
ग) गति
घ) पैसा कमाना

लघु उत्तरीय प्रश्न

- सार्वजनिक लाभ के लिए उपयोग किए जाने वाले एआई के दो उदाहरण

क्या हैं?
• सामाजिक एआई प्रोजेक्ट में नैतिक डेटा क्यों महत्वपूर्ण है?
• एक विचार का वर्णन करें जहाँ आप अपने स्कूल की मदद के लिए एआई का उपयोग कर सकते हैं।

भलाई के लिए एआई में भविष्य का अन्वेषण करें

भूमिका	क्षेत्र
सोशल एआई इनोवेटर	एनजीओ, गोवटेक, वैश्विक गैर-लाभकारी संस्थाएं
क्लाइमेट टेक कोडर	पृथ्वी संरक्षण, पानी, ऊर्जा
एआई एक्सेसिबिलिटी डिजाइनर	समावेशन, विकलांगता सहायता
टेक पॉलिसी मेकर	नैतिकता, सुरक्षा, डिजिटल अधिकार

आपका विचार + **एआई** = एक बेहतर कल।

किताब से परे: युवा चुनौती

अपने प्रोजेक्ट विचार को जमा करें:
• सीबीएसई एआई प्रोजेक्ट चैलेंज
• राष्ट्रीय विज्ञान मेला
• गूगल एआई फॉर सोशल गुड
• एटीएल मैराथन (नीति आयोग द्वारा)

वास्तविक विशेषज्ञों के सामने अपना समाधान प्रस्तुत करें — और अपने विचार को साकार करें!

सारांश

एआई और मशीन लर्निंग का महा ज्ञान एक व्यापक, छात्र-अनुकूल मार्गदर्शिका है जिसे हाई स्कूल के शिक्षार्थियों (14-18 वर्ष की आयु) को आर्टिफिशियल इंटेलिजेंस (एआई) और मशीन लर्निंग (एमएल) की आकर्षक और तेज़ी से बदलती दुनिया से परिचित कराने के लिए डिज़ाइन किया गया है। भारत की राष्ट्रीय शिक्षा नीति (एनईपी 2020), राष्ट्रीय पाठ्यचर्या रूपरेखा (एनसीएफ 2023), और सीबीएसई दिशानिर्देशों के अनुरूप, यह पुस्तक युवा दिमागों को एआई को समझने, बनाने और ज़िम्मेदारी से उपयोग करने के लिए सशक्त बनाती है।

स्पष्ट स्पष्टीकरण, वास्तविक जीवन के भारतीय उदाहरणों, कोडिंग गतिविधियों और विचारोत्तेजक चिंतन बिंदुओं के माध्यम से, छात्रों को एआई-जागरूक नागरिक और भविष्य के लिए तैयार इनोवेटर बनने के लिए चरण-दर-चरण निर्देशित किया जाता है।

मुख्य शब्दों की शब्दावली

शब्द	परिभाषा
एआई (आर्टिफिशियल इंटेलिजेंस)	मशीनों को इंसानों की तरह सोचने और काम करने का विज्ञान।
एमएल (मशीन लर्निंग)	एआई की एक शाखा जहाँ मशीनें डेटा से सीखती हैं और समय के साथ सुधार करती हैं।
न्यूरल नेटवर्क	मानव मस्तिष्क से प्रेरित एक मॉडल जो परतों और नोड्स का उपयोग करके जानकारी को संसाधित करता है।
पायथन	एआई विकास में उपयोग की जाने वाली शुरुआती-अनुकूल प्रोग्रामिंग भाषा।
पर्यवेक्षित शिक्षण (Supervised Learning)	एक सीखने की विधि जहाँ मशीन लेबल वाले उदाहरणों से सीखती है।
अप्रशिक्षित शिक्षण (Unsupervised Learning)	एक विधि जहाँ मशीन बिना लेबल वाले डेटा में पैटर्न ढूंढती है।
एनएलपी (प्राकृतिक भाषा प्रसंस्करण)	एआई का एक डोमेन जो मशीनों को मानव भाषा को समझने में मदद करता है।

सीएनएन (कनवोल्यूशनल न्यूरल नेटवर्क)	छवि पहचान के लिए उपयोग किया जाने वाला एक न्यूरल नेटवर्क।
एआई में पूर्वाग्रह	जब कोई एआई सिस्टम कुछ समूहों के खिलाफ अनुचित रूप से पक्षपात करता है या भेदभाव करता है।
नैतिक एआई	एआई सिस्टम जो निष्पक्ष, पारदर्शी, निजी और जिम्मेदार होते हैं।